선의 이야기

삶과 영혼에 힘을 주는

선의 이야기

초판 1쇄 인쇄	2007년 5월 18일
초판 1쇄 발행	2007년 5월 23일
지은이	타카다 아키가즈
옮긴이	김형준
펴낸곳	BOOK STAR
펴낸이	박정태
출판등록	2006. 9. 8. 제 313-2006-000198호
주소	서울시 마포구 구수동 41-4 영풍빌딩
전화(代)	02)713-2122
팩스	02)713-2125
E-mail	Kwangmk@unitel.co.kr

ⓒ 2006, BOOK STAR
ISBN 978-89-959637-1-5

정가	10,000원

잘못 만들어진 책은 바꾸어 드립니다.

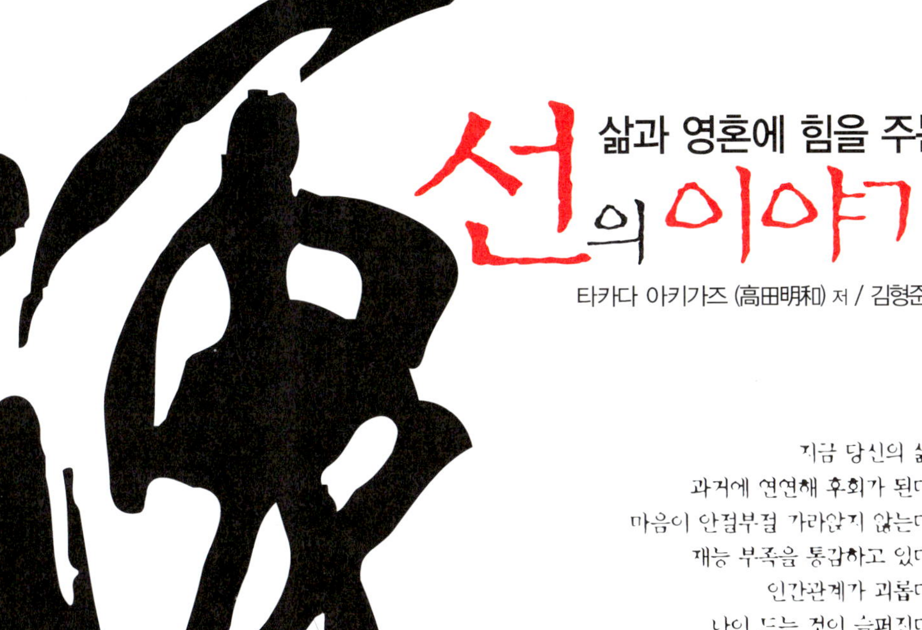

Zen Moves Your Soul
내일부터 당신의 삶이 변한다!

삶과 영혼에 힘을 주는
선의이야기

타카다 아키가즈 (高田明和) 저 / 김형준 역

지금 당신의 삶이
과거에 연연해 후회가 된다면
마음이 안절부절 가라앉지 않는다면
재능 부족을 통감하고 있다면
인간관계가 괴롭다면
나이 드는 것이 슬퍼진다면
자신을 잃어버릴 것 같다면
삶에 헤매고 있다면…

나의 한계를 극복하고 삶에 자신감을 심어주는
주옥같은 禪의 명언

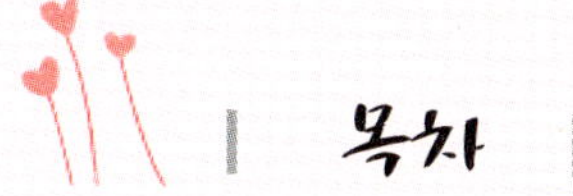

목차

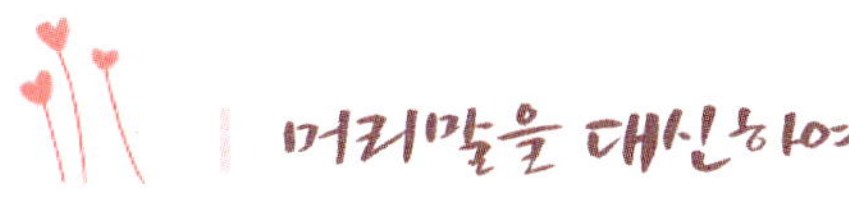

확고한 인생관을 지니고 스스로의 한계를 돌파하기 위해

왜 지금 선인가?

요즘 불교가 붐을 이루고 있다고 합니다. 불교에 대한 많은 책이 출간되고 있습니다. 그 가운데에서도 《반야심경》에 대해서는 불교 신자뿐만 아니라 과학자가 쓴 서적도 있습니다. 나아가 경전을 베껴 쓰거나 좌선을 하는 모임, 불교 사상 강습회 등 여러 모임에 사람들이 몰리고 있습니다.

또, 선에 대한 관심도 높아지고 있습니다. 여러 가지 선의 말씀에 대한 해설서가 있고, 선승의 에세이도 많이 나오고 있습니다. 선에서 권장하는 자세와 호흡법에도 관심이 쏠리고 있습니다. 단순히 마음을 진정시키기 위해서가 아닌 건강법으로서도 주목받고 있는 것입니다.

왜 지금, 불교 혹은 선일까요? 여기에는 두 가지 이유가 있다고 봅니다. 한 가지는 급변하는 가치관, 사회의 파도 속에서 뭔가 확고한 생각, 인생관을 가지기를 원하는 사람들의 기분일 테고, 다른 한 가지는 한계에 대한 도전입니다.

현재는 격차 사회라고 말들 합니다. 또한 명백한 경쟁 사회입니다. 경쟁에 이긴 자는 착착 성공의 길을 걷게 되고 패자는 낙오자가 됩니다. 승자와 패자 간의 소득, 지위, 명성의 차이는 점점 벌어질 따름입니다.

이런 격차 사회는 승자에 대한 강한 질투를 낳습니다. 미국의 한 조사에 따르면 인간관계가 손상되고, 타인에 대한 신뢰의 마음이 없어진다고 나타났습니다. 즉, 격차 사회는 사람의 마음을 좀먹는 것입니다. 그런데 이런 사실을 알아도 미국은 현재 격차 사회를 좋다고 여기는 사람이 많습니다. 그런 사회에서는 누구라도 성공의 가능성을 가지고 있기 때문입니다. 정말로 그런지 아닌지는 내버려 두더라도 경쟁 사회가 사람들을 경쟁으로 내몰고 있으며, 그 앞에는 어마어마한 부, 지위, 명예가 있다고 생각하게 만드는 것은 확실합니다.

이런 경쟁의 결과는 반드시 승자와 패자만을 낳는 것은 아닙니다. 모든 사람에게 능력의 한계를 느끼게 만듭니다. 지금까지는 승자였던 사람도 나이를 먹어 점차 지력과 체력이 떨어지면 자신의 한계를 느끼게 되는 것입니다.

선은 우리들이 인생에서 직면하는 이런 문제에 해답을 줄 듯 보입니다. 이에 대한 나의 체험담을 이야기해 보겠습니다.

나는 1953년에 시즈오카현의 시미즈를 떠나 도쿄로 왔습니다. 내가 입학한 대학의 의학부는 명문으로 알려진 곳으로, 거기서 공부하는 동급생의 대부분이 도쿄 등지의 유명 학교 출신에 유명한 의사 집안 출신이었습니다. 촌뜨기였던 나는 열등감에 사로잡히고 말았습니다. '이런 사회에서 견뎌낼 수 있을까?', '내게 능력이 있을까?'라는 생각으로 고민했습니다. 또, 내 자신에 대한 평가도 정확히 내리지 못한 채 사고가 흔들렸습니다. '이게 바로 내가 사는 방법이고, 내 사고방식이다.', '누가 뭐라 해도, 어떻게 여긴다 해도 내 방식대로 가는 것이다.'라는 자신감을 가질 수 없었습니다.

당시 나는 신주쿠의 와카마츠쵸에 살고 있었는데, 도심 전철로 신주쿠로 나와 중앙선을 타고 대학이 있는 시나노마치까지 통학했습니다. 어느 날 와카마츠쵸역 앞 서점을 들렀는데, 그곳에서 《선의 이야기》라는 책을 발견했습니다. 지은이는 치바대학 교수인 하쿠타 곳세키라는 분으로, 재가인으로 선을 닦고 법통을 이었다고 합니다. 그 책 속에 다음과 같은 글이 있었습니다.

"이 세계에는 여러 가지 종교가 있는데, 대개는 교조의 말씀을 믿고 그것을 판단의 기준으로 삼고 있다. 하지만 선은 다르다. 스스로 진실인지 아닌지를 판단할 수 있다."

이 문장은 나에게 충격을 주었습니다. 선을 하면 자신의 판단에 확신을 가지게 되고, 그 판단을 믿을 수 있다고 생각한 것입니다. 감격한 나는 몇 번이나 이 문장을 읽고 이 책을 읽었습니다. 물론 실제로 깨달음을 얻어 이런 확고한 인생관을 가질 수 있게 되는 경험이 누구에게나 일어나는 일은 아닙니다. 하지만 그런 곳을 향해 나아갈 수 있다면 좋겠다는 확신을 얻을 수 있었던 것입니다.

다음은 한계의 돌파입니다. 우리들은 살아가면서 반드시 자신의 능력의 한계를 실감하고 그것을 어떻게든 해결하고 싶어 합니다. 이 한계가 유전적인 것인지, 어린 시절의 환경 때문인지, 혹은 나의 노력 부족인지 고민하게 됩니다. 하지만 원인이 무엇이든 한계를 돌파하지 못한다면 패자가 되고 맙니다.

한계의 돌파는 저 옛날의 무도가武道家들에게는 항상 따라다니던 과제였습니다. 막부 시대 말기부터 메이지 시대에 걸쳐 활약했던 정치가이며 검술가로도 이름을 날린 야마오카 텟슈는 검성劍聖이라 불리던 아사리 마타시치로를 도저히 이길 수 없었습니다. 아사리를 생각하면 그 환영이 마치 산처럼 자신을 뒤덮을 정도였습니다. 그는 선에서 이 곤경을 타파하기 위한 활로를 구했습니다.

왜 선은 한계 타파에 도움이 되는 것일까요? 석가모니 부처님은 선에 의해 깨달음을 얻었는데, 그때 다음과 같이 말씀하셨습니다.

"참으로 이상하도다. 일체 중생이 모두 여래의 지혜 덕상을 가졌거늘 단지 망상 집착으로 깨닫지 못하는구나."

즉, '불가사의로다. 깨닫고 보면 살아있는 것은 모두 부처와 같은 지혜를 가지고, 자비의 마음을 가지고 있다. 자신에게 집착하고 자타를 구별하므로 이 사실을 알아채지 못하는 것이다. 인간이라면 누구나 망상만 줄인다면 스스로 지니고 있는 이 본래 부처의 마음의 힘을 쓸 수가 있다.' 라고 말씀하신 것입니다.

우리들의 능력에 차이가 있는 것이 아니라 능력의 발휘를 망상, 번뇌가 방해하고 있으니 만약 망상, 번뇌를 줄일 수 있다면 본래 마음의 힘을 부려 한계를 타파할 수 있다는 의미입니다.

실제로 텟슈는 선의 수행에 힘써 1880년 3월 30일 새벽, 천지간에 한 물건도 존재하지 않는다고 하는 '절대무絶對無' 의 심경에 들었습니다. 그는 앉은 채 검을 준비하여 마치 아사리와 시합을 하는 것 같은 설정으로 틀을 잡아보았습니다. 그러자 불가사의하게도 어제까지는 아사리를 떠올리면 그 환영이 산처럼 자신을 눌렀는데 그것이 나타나지 않는 것이었습니다.

"결국 무적의 비법을 얻었는가!" 라고 중얼거리며 제자인 코테다 안죠를 불러 시합을 했습니다. 코테다는 목검을 준비해 텟슈의 앞에 섰지만 곧 검을 버리고 "스승님, 용서해 주십시오." 라고 소리쳤습니다. 텟슈가 무슨 일이냐고 묻자 "저는 오랫동안 스승님의 가르침을 받아왔습니다만, 오늘과 같은 두려움을 경험하기란 처음입니다. 도저히 스승님 앞에는 서 있지 못하겠습니다." 라고 답했습니다.

그래서 텟슈는 아사리를 불러 승부를 겨루게 되었습니다. 그러자 아사리도 텟슈의 기백에 눌려 죽도를 놓으며 "귀하는 이미 검의 경지에 이르렀소. 예전과는 비교할 수 없고 나는 그 실력에 미치지 못하오."라며 잇도류—刀流의 비법을 전수했습니다.

텟슈가 텐류지의 데키스이선사에게 이 말씀을 전하니, 선사도 인정하며 선의 인가 증명깨달음을 얻었다는 증명을 주었습니다. 그때의 위풍당당한 모습을 보고 데키스이선사의 제자는 "나도 어떻게 해서든 저 정도의 깨우침을 얻고 싶다."라면서 감탄했다고 합니다.

막부 시대 말기의 검호劍豪 시라이 도오루에 대해서도 비슷한 일화가 전해지고 있습니다. 그는 나이를 먹으면서 능력이 떨어지는 것을 고심했습니다. 그래서 스승의 권유도 있고 해서 선에서 활로를 찾았습니다. 후에 시라이 도오루와 시합을 가졌던 가츠 카이슈는 다음과 같이 말했습니다.

"나도 예전에 검도를 수행하던 때에 시라이 도오루라는 달인에게 가르침을 받은 적이 있다. 나는 그때 크게 마음으로 얻은 바가 있다. 이 사람의 검술은 과장해 말한다면 일종의 신통력을 가지고 있다. 그가 칼을 휘두르며 도장에 서면 늠름하고 신성함이 도저히 범접할 수 없는 신기가 칼끝에서 용솟음쳐서 정말 불가사의했다. 나는 도저히 맞설 수 없었다."

이렇게 한계를 돌파하고자 선에 마음을 쏟았던 것은 무도인뿐만이 아닙니다. 모든 분야의 사람이 선에 관심을 가지고 자신의 처지를 개선하고자 했습니다.

나 자신도 스스로의 결점과 능력의 한계를 느낄 때마다 선의 가르침을 따르는 것 외에 길은 없다고 항상 마음을 새롭게 해 왔습니다. 그리고 선으로 마음을 정갈하게 하고 정신 통일을 도모할 수 있게 될 때 타인에게도 대단히 좋은 인상을 준다는 것을 통감했습니다.

기회가 주어지지 않아 능력을 발휘하지 못하는 경우도 종종 있습니다. 좋은 지위, 뛰어난 동료, 필요한 자금 등이 갖춰진다면 지금까지 불가능이라고 여겼던 일이 가능해 집니다. 즉, 한계를 돌파할 수 있게 되는 것입니다. 자신의 인생을 되돌아보면 이런 일을 실감하게 됩니다. 하지만 능력을 키울 기회는 누구나 간단히 얻을 수 있는 것이 아닙니다.

그렇다고 현재와 같은 경쟁 사회에서는 '나는 능력이 없어'라고 말할 틈이 없습니다. 능력이 있든 없든 멈춰 서면 낙오됩니다. 나의 경우에는 선의 가르침, 선의 말씀이 큰 지지가 되었습니다. 그것에 기반을 두고 실천을 했습니다.

더욱 중요한 것은, 선에 기반을 둔 생활을 하면 깨달음을 얻든 얻지 못하든 상관없이 점점 자신이 생긴다는 것입니다. 평소에 남과 대화를 할 때 기 죽지 않고 말하며 내 주장을 펼 수 있게 되었습니다. 자기주장은 때로 상대에게 거부감을 주기도 합니다. 하지만 선으로 마음을 닦으면 지금까지 껄끄럽게 취급되던 주장이 상대에게 좋은 인상을 준다고 느끼게 되었습니다.

나는 비교적 말하고 싶은 것을 아무렇지도 않게 말하는 성격입니다. 때로 생각지도 못한 곳에서 상대에게 나쁜 인상을 주어 관계가 꼬이는 경우도 있습니다. 하지만 이 결점을 고치려고 하기보다 선이 권하는 대로 '마음을 바꾸는 일'에 전념하면, 같은 태도를 취하고 같은 말을 해도 타인에게 상처를 주지 않는다는 것을 깨달았습니다.

일전에 아주 친한 동료가 "타카다 씨가 말을 하면 강도가 센 말도 악의가 느껴지지 않고 상처받는 일이 없어요."라고 말하는 것이었습니다. 나는 놀랐습니다. 이전에는 그런 일이 없었습니다. 오히려 생각지 못한 발언과 태도가 상대를 당황하게 만드는 일이 종종 있었습니다.

두 번째로 깨달은 것은 내 인상이 전체적으로 변했다는 점입니다. 어느 곳에서 강연을 하게 되었을 때 사회자가 "타카다 선생님의 강연을 들으면 힘이 생기고 의욕이 난다고 합니다."라며 나를 소개했습니다. 이런 일도 최근에 생긴 변화입니다.

나의 경우 TV 프로듀서들이나 출판사의 편집자와 회의를 하고 교섭을 하는 일이 잦습니다. 이런 경우에 중요한 것은 나의 능력을 높게 평가받음과 더불어 상대를 사로잡아 의견을 관철시키는 일입니다. 그렇지 못하면 설사 좋은 제안을 해도 거절당하고 맙니다. 능력을 발휘할 수 있는 기회를 날려버리는 것이지요.

선의 말씀은 이런 변화를 가능케 해줍니다. 그 힘이 나를 변화시킨 것입니다. 왜 말씀이 사람을 변화시키는가에 대해서는 뒤에서 설명하겠습니다.

두 번째는 실천입니다. 선의 자세항상 똑바로 등을 편다, 선의 호흡 평소 천천히 호흡을 한다, 그리고 선의 사고를 실천하면 점차 자신이 변해가는 것입니다.

특히 좌선의 힘은 절대적입니다. 좌선에 의해 보물 창고가 저절로 열리면 일본 조동종曹洞宗의 창시자 도겐선사가 말씀하신 것처럼 우리들이 본래 가지고 있는 '보배 산'이 눈앞에 나타납니다. 이 보배는 다른 사람의 것이 아닙니다. 원래 내가 가지고 있는데, 알아차리지 못했던 것입니다. 그러므로 많은 고승들이 "좌선의 공덕은 헤아릴 수 없다."라고 말씀하고 계시며, 나 역시 매일 좌선을 실천하고 있는 것입니다.

어느 고승은 "좌선을 하면 안이 변하고, 안이 변하면 밖외견, 태도, 기색이 바뀐다."라고 했습니다. 잇큐선사도 "좌선을 하고 있으면 자연스럽게 활력 넘치는 본래의 인간이 된다."라고 말했습니다. 하지만 형태뿐만이 아닙니다. 형태의 근원이 되는 마음을 바꿀 필요가 있습니다. 그렇기 위해서는 선에서 오랜 기간 전해져 내려오는 말씀과 존경하는 고승들의 말씀을 믿고 행동하는 것이 중요합니다.

지금부터 이런 말씀이 어째서 우리들의 마음을 활성화하는지를 설명하고, 그 말씀이 의미하는 것을 실제로 체득할 수 있는 수행 방법, 좌선 방법 등에 대해서 이야기하겠습니다.

말의 비밀

우리들은 말을 하고 또 듣습니다. 많은 말은 우리들에게 어떤 식이든 영향을 줍니다. 어떤 때는 감정을 자극하여 분노, 증오, 기쁨 등을 불러일으키고, 어떤 경우에는 의욕을 고취시켜 희망을 가지게 합니다. 이처럼 말에는 우리들을 변화시키는 힘이 있습니다. 어떤 경우에는 그 변화는 일시적이지만, 어떤 경우에는 일생을 바꾸어 놓기도 합니다.

어린 시절 부모로부터 들은 한 마디를 늘 기억하며 그 말에 따라 인생의 영향을 받은 사람도 있을 것입니다. '그때 그 말을 듣지 않았더라면 좋았을 것을' 이라는 경험을 가지고 있는 사람도 있을 것입니다.

존경하는 사람의 한마디가 그 후의 인생을 완전하게 바꾼 경우도 있습니다. 도겐선사는 "사랑스런 말은 천하의 형세를 뒤바꾸는 힘이 있다." 라고 했습니다. 말에는 하늘조차 움직일만한 힘이 있다는 뜻입니다.

말로 큰 자극을 받고, 그 뒤의 인생에 결정적인 영향을 받았던 두 가지의 경험을 이야기해 보겠습니다.

나는 젊은 시절 어떻게 살아야 할지 고민했습니다. 의학부를 졸업하고는 임상을 하지 않고 기초 의학을 택했는데, 이 결단이 옳은 것인지, 또 연구의 길을 닦아 나아갈 수 있을지, 이름도 없이 묻혀버리는 것은 아닌지 하는 고민에 쌓여 지냈습니다. 나는 고민에서 답을 얻으려고 했습니다. "고민하면 고민할수록 인간에게 깊은 맛이 생긴다. 고민에서 빠져나왔을 때 참으로 뛰어나고 매력적인 인간이 되는 것이다." 라고 말하는 사람이 많습니다.

마침 그 무렵, 고향 마을에 선의 보급에 힘쓰고 있는 선승이 계셨습니다. 그 분을 찾아가서 이런 고민을 여쭙자 "고민하면 마음을 잃고, 고민하지 않으면 마음을 얻는다." 라고 하셨습니다. 이것은 지금까지 내가 배웠던 가르침과는 완전히 반대였습니다. 나는 충격을 받았지만, 그래도 고민을 하지 않을 수는 없었습니다. 하지만 고민에 고민을 거듭하다가 점점 스스로에 대한 자신감을 잃어갔습니다. 그러다가 그 스님의 말씀을 믿어보자고 생각했습니다.

"나는 고민하지 않으리라. 생각하지 않으리라!"

여기서부터 분명코 길이 열린다고 나 자신에게 말했습니다. 또 계속 고민에 빠지게 될 때는 "이미 몇 번이나 이 방향을 택했지 않았는가! 다시 고민의 지옥에 빠지려는가?" 라면서 생각을 고쳐먹고 그렇게 되지 않도록 노력했습니다. 그 결과 얇은 껍질을 벗기듯이 점점 마음이 개운해졌습니다.

이렇게 되면 일에도 전념할 수 있게 됩니다. 정신을 집중해서 사물을 정리할 수 있게 되었던 것입니다. 그때까지는 곧 '나는 틀렸어!' 라는 생각이 떠올라 집중을 할 수 없었지만, 그런 생각이 없어지게 되었습니다. 또, 무엇을 하거나 무엇을 봐도 즐거운 감정이 들지 않았는데 지금 보고 있는 경치, 듣고 있는 음악, 읽고 있는 책을 즐기고 있는 것을 알게 되었습니다. 곰곰이 생각해 보니, 그때 해주신 선사의 말씀 덕분이었습니다.

다른 한 가지 경험 역시 비슷합니다. '자신을 가지려면 어떻게 해야 하는가?' 하는 문제에 직면했을 때였습니다. 대학교수로 재직하고 있던 선배와 그 대학에서 조교수로 있던 분의 의견이 정반대였습니다.

조교수는 학생들에게 "나는 대단한 인물이 아니다. 자만하면 안 된다." 라고 철저하게 주입시켰습니다. 이에 반해 교수는 이렇게 말했습니다. "나는 엘리트다. 대단한 힘을 가지고 있다."

그 무렵의 나는 주위를 둘러보고는 열등감에 빠져 있었는데, 미래가 불안했기 때문에 조교수의 의견에 가까웠습니다. 그런데 학회를 마치고 돌아오는 길에 교수와 함께 신간센을 타게 된 나는 이 문제를 꺼냈습니다. 그러자 그 분은 "타카다 군, 자신을 부정한다고 해서 좋은 일은 하나도 없네. 나에게 능력이 있다고 생각하고 시작하는 것과 난 안 된다고 부정하며 시작하는 것은 아주 다르다네. 결코 난 안 된다는 생각을 가지고 인생을 보내서는 안 되네.”라고 말씀하셨습니다.

나에게 이 말은 하늘의 계시와 같은 힘이 되었습니다. 인생이 대전환을 했다 해도 과언이 아니었습니다. 그때까지 자신의 결점에 대해 괴로워하며 어떻게든 해보려고 노력해 온 셈이지만, 그 분은 ‘자신의 결점을 생각한다고 하는 것 자체가 틀린 것이다. 자신의 단점이 몇 개인가 세어서는 안 된다. 오히려 결점이 없다는 것에서 출발해야 한다.’ 라고 말씀하신 것입니다.

그때 교수는 다음과 같은 말씀도 하셨습니다. “나는 여러 학생을 지도해왔는데, 그 결과 이런 결론을 얻었네. 곧, 대학원생에게 결점을 지적하고 그것을 고치도록 지도하면 그것만으로도 학기가 지나가 버린다네. 차라리 그가 가지고 있는 장점을 키우도록 일러주고 격려하면 그의 결점은 사라져 버리는 걸세.”

그렇습니다. 인간은 격려에 의해 진보합니다. 그 격려는 다른 사람이 해주는 경우도 있고, 자신이 자신을 고무하는 경우도 있을 것입니다. 어느 쪽이든 자신을 부정해서 좋은 것은 하나도 없습니다.

나는 안 된다는 생각에서 출발해서는 안 됩니다. 하지만 이런 일을 스스로 경험을 통해 알기란 여간 어려운 일이 아닙니다. 뛰어난 사람의 경험에서 배울 수 있을 뿐이지요. 이런 배움을 얻기 위해서라도 전해져 내려오는 말씀이 필요합니다.

이런 의견과 일맥상통하는 일화가 있습니다. 노미야마 아스카의 저서 《잊을 수 없는 하이쿠》에 보면 하이쿠俳句 시인인 무라카미 키죠에 대한 이야기가 나와 있습니다.

"무라카미 키죠가 관서 지방에 왔을 때 시 낭독이 끝난 뒤 백구百句가 넘는 시에 하나하나 그 결점을 지적했다. 시원스런 관동 사투리로 사정없이 지적했으므로 대중 모두 심취했고 그중에는 박수를 치는 사람도 있었다. 이것을 계기로 그 후 키죠는 심사위원 위탁을 받기도 했는데, 하이쿠의 원고에도 일일이 결점을 지적했다. 그런데 타카하마 쿄시 선생은 몇 번이나 관서에 왔어도 하이쿠의 결점을 입에 올리는 일없이 하이쿠를 골라내서는 뛰어난 점만을 설명했다. 그런데 쿄시 선생의 제자에는 뛰어난 사람이 많이 나타났으나 키죠는 한 사람의 훌륭한 제자도 두지 못했다. 하이쿠는 결점을 지적한들 진보는 없으며 반대로 겁쟁이가 되어버린다. 하지만 장점을 북돋아 주면 점점 자신을 얻어 발전한다. 이것은 아이를 기르는 경우에도 마찬가지이다."

다시 노미야마는 "하이쿠 모임에 가면 결점을 지적해 달라는 사람이 꽤 있다. 그것도 냉정하게 해달라고 한다. 그렇다고 만약에 사정없이 평하면 불편한 내색을 할 것이다. 그리고는 뒤에서 욕을 할 것이 분명하다. 이 문장을 읽은 사람이라면 결점을 말하라고 하는 요청이란 곧 '당신이 뭘 알겠어!' 라고 대놓고 말하는 것과 마찬가지라는 것을 깨달았을 테니 그런 요구는 하지 않게 될 것이다.”라고 썼습니다.

비판적인 말은 사람을 키우지 못합니다. 반대로 자신을, 인생을 긍정적으로 바라보는 말은 우리들의 마음에 커다란 영향을 줍니다.

‘말이 마음에 어떻게 영향을 주는가’에 대한 그 구조를 최근 과학적으로 설명할 수 있게 되었습니다. 그것은 바로 미러세포의 발견에 의해서입니다. 미러세포는 뇌 속에서 거울 같은 작용을 하는 세포입니다.

우리들이 뭔가 움직이는 것을 보고 있을 때, 이 미러세포는 대상의 움직임을 흉내 내려고 반응합니다. 예를 들어 내가 물이 들어 있는 컵을 가지고 있다고 합시다. 그것을 보고 있는 당신은 나의 흉내는 내지 않지만, 당신 뇌의 미러세포는 나의 흉내를 내려고 컵을 쥔 모양을 하고 있습니다.

이처럼 미러세포는 상대의 행동에 반응해 움직이려고 하지만 실제로 행동으로 옮기지는 않습니다.

하지만 행동으로까지 옮기는 때가 있습니다. 그것은 정서가 자극받아 기분이 좋아졌을 때입니다. 예를 들어 영화에서 정의의 사도가 악한을 때려눕히는 장면을 보면 뜻하지 않게 오른손에 힘이 꽉 쥐어지는 때가 있지요. 또한 자신이 편을 드는 축구팀 선수가 공을 차는 순간 자신도 모르게 발에 힘이 들어가는 경우가 있을 것입니다. 이것은 바로 미러세포가 실제 행동을 일으킨 것입니다.

사실 말에 반응하는 미러세포도 있습니다. 이 책에서는 이런 것이 중요합니다.

우리들이 말할 때에는 대뇌 가장 앞에 있는 전두엽前頭葉 밑에 있는 운동성 언어 중추가 활동하고 있습니다. 이 중추 가까이 있는 미러세포가 우리들이 누군가의 이야기를 듣고 있을 때에 활동하는 것입니다. 귀가 들리지 않는 사람에게 말하는 법을 가르치기가 어려운 것은 이 미러세포가 활동하지 않기 때문이라고 합니다.

한편, 소리를 듣는 것은 측두엽의 청각야입니다. 말을 들을 때는 청각야에 있는 미러세포가 움직여 그 단어의 의미를 이해합니다. 조금 윗부분에 있는 미러세포는 글씨를 보고 읽을 때 활동합니다.

이들 미러세포가 움직임에 따라 우리들은 귀로 들은 말의 의미를 이해하고 그것을 자신의 것으로 만드는 것입니다.

그리고 그 말이 매우 감동적인 경우에는 미러세포가 자극받아 감정과 연결됩니다. 그 말이 의미하는 감정, 행위를 일으키도록 합니다. 즉, 흉내를 내게 만드는 것입니다. 이렇게 말은 우리들에게 강한 영향을 미칩니다.

말이 강한 감정을 일으킬 때, 즉 '멋지다', '저렇게 되고 싶다' 라는 기분을 일으킬 때 말과 그 의미가 자신의 것이 됩니다. 그래서 이런 말을 들으면 기운이 나거나 의욕적이 되고, 사소한 일에 끌려다니지 않게 되는 것입니다. 이 적극적인 변화로 더욱더 그 말을 떠올리고, 중얼거리고 싶어지고, 책을 펼쳐 그 말을 되풀이해서 읽고 싶어집니다. 이런 일이 계속 되면 점차 자신이 말이 의미하는 사람으로 변해가는 것입니다.

특히 오랫동안 동양인의 정신적인 지주였던 선의 말씀 대부분은 우리들을 분발하게 만드는 의미를 지니고 있습니다. 선의 말씀을 읽거나 입 밖에 내면 침울해 있던 자신이 활기를 얻고, 과거의 일에 끌려다니는 것이 바보처럼 느껴지며, 더욱 본래 자신의 힘과 매력을 발휘하자는 기분이 들도록 합니다. 이 책은 그런 말씀들을 모았습니다.

자세, 호흡, 마음

이 책에서는 선의 말씀에 따라 자신을 바꾸고 한계를 돌파하면 얼마나 보람 있는 생활을 할 수 있는가를 서술하고 있습니다. 하지만 좋은 말씀도 그것을 받아들이는 마음가짐이 중요합니다. 즉, 정신을 집중하지 않으면 말씀이 마음에 와 닿지 않으니, '마음이 여기에 있지 않으면 보아도 보지 못하고 들어도 듣지 못하는' 상태가 되어버리고 맙니다.

정신을 집중하기 위해서는 자세와 호흡이 중요합니다. 그래서 이 항에서는 왜 자세와 호흡이 마음을 바꾸는 데 중요한가를 의학, 뇌과학의 입장에서 설명하겠습니다.

먼저 자세에 대해서 이야기해 보겠습니다. 우리는 항상 중력을 받고 살아가고 있습니다. 즉, 땅의 표면 쪽으로 눌리고 있는 것입니다. 이 힘을 거슬러 반대로 서거나 앉기 위해서는 무의식 속에서 척추와 허리 주변의 근육을 수축시켜 척추와 허리를 지탱해야 합니다.

이것은 뇌가 명령을 내리고 있는 것인데, 의식이 없어지면 이 지령은 척추와 허리 주변의 근육에 전달되지 않습니다. 그렇게 되면 척추를 쭉 펼 수 없게 됩니다. 전철 안에서는 가끔 졸음으로 인해 몸이 앞으로 쏠리거나 옆 사람에게 기대는 사람을 발견합니다. 그것은 뇌의 명령이 약해져 근육이 척추를 받쳐주지 못하게 되었기 때문입니다.

그렇다면 근육이 긴장하면 뇌에 영향을 미치는 것일까요? 척추 주변의 근육이나 그것을 뼈에 연결하는 힘줄이 긴장해 수축하면 그 자극은 뇌간을 통해 대뇌에 전달됩니다. 이것은 뇌를 깨우는 작용을 합니다. 그러므로 이 자극을 강하게 주는 자세, 즉 서 있거나 곧게 척추를 펴고 앉아있을 때에는 졸리지 않은 것입니다. 한편, 이 자극이 약할 때, 즉 누워 있어서 중력에 저항할 필요가 없을 때는 잠이 오는 것입니다. 누우면 잠이 드는 것은 이런 이유입니다.

그런데 이런 각성의 자극은 전두엽에 강하게 전해집니다. 전두엽은 뇌의 사령탑과 같습니다. 또 단기간에 기억을 하거나 전화번호를 일시적으로 기억하는 등 갖가지 일을 기획하고 감정을 제어하는 등의 역할을 하는 곳으로, 뇌에서는 가장 중요한 장소입니다. 더구나 전두엽에는 무대의 스포트라이트 같은 작용이 있습니다. 즉, 뭔가에 마음을 집중하는 움직임입니다.

독자 여러분은 지금 분명 의자나 어딘가에 앉아 이 책을 읽고 있을 것입니다. 그러면 넓적다리 아랫부분이 의자에 닿아서 압박을 받고 있을 것입니다. 눈치 채셨는지요? 아마도 지금 지적을 받기까지는 느끼지 못했을 것입니다. 그것은 전두엽이 '책의 문자를 읽는' 행위에 스포트라이트를 비추고 있어서 그 이외의 작용을 억제하고 있기 때문입니다.

우리 감정의 '마당'은 대뇌의 변연계邊緣系에 있습니다. 그 하나는 편도라고 하는 부분이고, 다른 하나는 띠이랑이라는 곳입니다. 우울병 등을 앓을 때는 띠이랑이 항상 흥분해 활동하고 있습니다. 한편 분노, 증오, 공포 등을 느낄 때에는 편도가 활동합니다. 이런 감정은 우울, 불안 등을 일으킵니다. 그러므로 이런 장소가 자극되거나 흥분되지 않도록 하는 것이 중요합니다. 그런데 싫은 것을 잊고, 불안해하지 말고, 의욕에 불을 지펴 우울한 기분에서 벗어나려 해도 좀처럼 안 되는 것이 사람입니다. 이런 때에 자세를 바르게 해서 똑바로 앉거나 혹은 좌선하는 자세를 취하면, 무리하게 불안을 잊으려 하지 않아도 자연스럽게 안정을 찾고 지금 하고자 하는 일에 정신이 집중됩니다. 정신이 집중되는 것을 불교에서는 '정定' 이라고 합니다. 바른 자세가 정을 가능하게 하는 것입니다.

이 책에서 선의 명언을 소개할 때 되풀이해서 이야기하겠지만, 우리들은 본래 무한의 능력을 가진 마음의 소유자입니다. 안절부절못하거나 걱정할 때, 혹은 다른 사람이 가진 것을 탐내거나 부러워하는 망상, 번뇌가 있기에 이런 힘을 발휘하지 못하는 것입니다. 그런데 자세를 바르게 하면 이런 망상, 번뇌가 자연스럽게 없어지고 '지금' 에 집중할 수 있습니다. 긴 수행을 거친 옛날의 선승들은 이런 것을 알고 있었던 것입니다.

자세를 바르게 함으로써 생각만으로는 도저히 벗어날 수 없었던 망상, 번뇌가 사라진다는 것, 얼마나 멋진 일입니까. 선에서는 자세를 바르게 하고 똑바로 서고 앉는 것을 권합니다. 또는 좌선의 자세인 양쪽 발을 반대쪽의 허벅지 위에 올리고 앉는 결가부좌를 권합니다. 나 역시 이 자세를 취하고 있는데, 그 효과가 대단합니다.

그런데 좌선에는 반가부좌, 즉 한쪽 발만 반대쪽 허벅지 위에 얹는 자세도 있습니다. 결가부좌는 다리에 통증이 오므로 초심자는 반가부좌가 좋다고 권하고 있습니다. 나 역시 처음에는 그랬습니다. 하지만 아무리 좌선을 해도 그다지 심경의 진보는 보이지 않았습니다. 그러다가 선의 선배에게 "반가부좌는 결가부좌에 비해 심경의 진보가 아주 늦다."라는 말을 들었습니다.

좌선은 선향이 다 타는 시간을 기준으로 하고 있습니다. 한 개비의 선향이 타는 시간을 일주一炷라 하는데, 약 30분에서 40분 정도입니다. 처음에는 반가부좌도 다리가 아파서 견디기 어려웠습니다. 끝날 무렵에는 선향과 눈싸움을 하면서 언제 다 탈지, 빨리 타달라는 생각뿐으로 도무지 정신 집중이 되지 않았습니다.

물론, 점차 다리의 통증은 사그라졌지만 정신 통일이 되지 않는 것은 변함이 없었습니다. 여기에서 결가부좌를 틀어볼까 생각했지만, 다리의 통증을 생각하면 움츠러들었습니다. 하지만 너무도 심경의 진보가 늦으므로 결국 결가부좌를 틀기로 결심했습니다.

이것은 내 인생에 있어서 결정적인 순간 중 하나라고 해도 과언이 아닙니다. 결가부좌의 효과는 뛰어났습니다. 이런 형태를 취하는 것만으로도 마음이 커지고 위풍당당한 기분이 들었습니다. 더구나 생각만큼 다리의 통증도 강렬하지 않았습니다. 지금은 반가부좌로는 좌선을 한 것 같은 기분이 들지 않습니다.

이 경험으로 자세가 마음에 미치는 효과를 강하게 인식하게 되었습니다. 자세는 마음을 변화시킵니다. 바른 자세를 취하는 것이 자신을 바꾸고, 자신의 마음 깊은 곳에 있는 본래 마음의 빛을 빛나게 해준다는 사실을 통감했습니다.

다음은 호흡입니다. 선에서는 특히 호흡을 천천히 하는 것을 중요시합니다. 그러면 호흡이 몸과 마음에 미치는 영향에 대해 설명하겠습니다.

우리들은 긴장하거나 흥분하여 화를 내면 심장이 두근두근 뛰고 호흡이 빨라집니다. 이것은 자율신경 속의 교감신경의 움직임입니다. 원래 이런 흥분 상태는 고대인古代人이 자기보다 커다란 들소의 숨통을 끊을 때나 멧돼지에 쫓기거나, 다른 종족에게 공격을 당하거나 할 때에 일어나는 반응입니다. 이런 경우에는 싸우지 않는다면 목숨을 잃고 맙니다. 싸우기 위해서는 근육에 에너지를 주어야 합니다. 근육에 있어 가장 효과적인 에너지원은 포도당입니다. 포도당을 온몸의 근육에 보내기 위해서 심장은 교감신경에 의해 세차게 박동하고, 혈액을 전신에 보내려고 합니다. 또, 포도당에서 에너지를 취하기 위해서는 산소로 연소시킬 필요가 있습니다. 여기에서 호흡이 거칠어지는 것입니다. 간단한 예를 들자면 100m를 전력으로 질주할 때 이런 반응이 일어납니다.

하지만 이것은 자율신경의 움직임이므로 의지의 힘으로 조절할 수는 없습니다. 의지의 힘으로 혈당치를 내리거나 심장의 박동을 줄일 수 없다는 것은 알고 있을 것입니다.

한편, 이런 흥분 상태가 끝나면 부교감신경이 움직여 사용한 에너지를 보충하고 조직을 수복합니다. 심장의 박동은 규칙적이 되고 호흡도 제자리를 찾습니다. 기분도 안정됩니다. 그런데 이런 반응 중에서 자신의 의지로 조절할 수 있는 것이 있습니다. 그것은 호흡입니다. 호흡은 의지의 힘으로 천천히 할 수가 있습니다. 물론 흥분이 격한 경우에 호흡을 천천히 할 수는 없습니다. 100m를 전력 질주하고 있을 때 호흡을 천천히 할 수 없는 것과 마찬가지입니다. 하지만 일상 행동에서는 자신의 의지로 호흡을 조절할 수 있습니다.

호흡을 천천히 하면 심장의 박동도 느리게 되고 혈당치도 내려갑니다. 그러면 기분이 흥분 상태에서 안정 상태로 돌아옵니다. 그러므로 호흡을 천천히 함으로써 우리들의 몸도 마음도 변하는 것입니다.

실은 그것뿐만이 아닙니다. 여기에서 조금 우울한 이야기를 하겠습니다. 지금은 놀랄 정도로 우울증을 앓는 사람이 많습니다. 또, 자살하는 사람도 매년 3만 명을 넘겨서 인구비로 보면 세계 1위를 기록하고 있습니다. 우울증을 앓는 사람은 뇌 속의 세로토닌이라는 물질이 아주 적어진다고 알려져 있습니다. 세로토닌은 신경과 신경을 연결하는 시냅스라는 부분에서 방출되는데, 우울증을 앓는 사람은 이 방출이 줄어듭니다. 그래서 현재 우울증의 치료에는 세로토닌의 방출을 늘리거나 세로토닌이 장기간 시냅스에서 작용하도록 하는 약이 사용되고 있는 것입니다.

그런데 호흡을 천천히 하면 혈중의 이산화탄소가 조금씩 증가합니다. 이 이산화탄소는 뇌 안의 호흡 중추를 자극하여 더욱 호흡을 빨리 하라는 명령을 내립니다. 그런데 혈중의 이산화탄소가 증가하면 뇌 안에서 세로토닌이 많이 방출된다는 사실이 밝혀졌습니다. 즉, 호흡을 천천히 하면 우울증 약을 복용한 것과 같이 정신이 안정되고 의욕이 생기는 것입니다. 좌선에 의해 깨달음을 얻은 부처님은 경험을 통해 호흡을 천천히 하는 것이 기분을 평정시킨다는 것을 알고 있었던 것입니다.

이처럼 자세를 바르게 하고 호흡을 천천히 하면 정신 통일을 하기 쉽고 밝은 기분이 되도록 바꾸어 주는 것입니다. 그러므로 이 책에서 소개하는 좋은 말씀을 접했을 때 자세와 호흡에도 신경을 써서 그 말씀이 진실로 우리들 마음에 닿아 마음을 변화시킬 수 있도록 준비합시다.

제 1 장

과거에 연연해 후회가 된다면

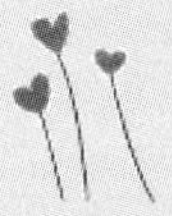

"유령의 정체, 알고 보니 마른 억새"라는 속담이 있습니다.
실체가 없는 과거를 후회하거나 '그 일이 없었다면 얼마나 좋았을까'라고 생각하는 일은
바람에 흔들리는 마른 억새를 보고
유령이라 착각하고 무서워하는 것과 같습니다.

• 당신의 맑은 마음을 덮는 구름을 걷어내고 쓸데없는 상념을 버려라

염念을 일으키는 이것이 병, 염念을 끊는 이것이 약

– 고어(古語)

선에서 가장 유명한 이야기 중 하나입니다.

불교에서는 우리들의 마음은 본래 어디까지나 맑고, 죄라고는 조금도 없으며 영원한 것으로 생각합니다. 또 이런 '마음'에 대해 이것저것 생각하는 것은 암흑의 바다 밑에 있는 진흙에서 부글부글 떠오르는 거품과도 같은 것이라고 합니다.

물론, 과학의 문제를 생각한다든가, 경제를 공부하며 두뇌를 쓴다면 거품이 아닙니다. 하지만 '어제, 내가 왜 그런 짓을 하고 말았지'라던가 '오늘의 실패를 다른 사람들이 알면 회사 생활이 어려워지는 것은 아닐까'와 같은 자신과 주위 사람, 일어난 일에 대해 생각하는 것은 불교에서 볼 때 '거품'에 해당하는 일이며,

원래 마음이 행해야 할 일은 아니라고 정의합니다.

우리들의 본래 마음은 외계의 일에 즉각 반응합니다. 자동차를 운전하는데 앞에 사람이 지나가면 곧 브레이크를 밟습니다. 이렇게 재빠른 반응이 본래 마음의 반응입니다. 이런 때 '거품'에 의해 다른 것을 생각하거나 걱정을 하면 찰나의 반응이 나오지 않아 사고가 일어나고 맙니다.

선에서는 이것저것 생각해 괴로워하지 않아도 본래의 마음에 맡기고 살아가면 모든 것이 잘 풀린다고 가르칩니다. 곧 우리들은 본래 신神, 부처와 같은 위대한 마음의 소유자인데, 이것저것 헤아리기에 실패한다는 것입니다.

다른 모든 종교는 '자신보다 커다란 존재에게 맡기라'고 제창하고 있습니다. 기독교의 신, 이슬람교의 알라 등이 대표겠지요. 불교에서는 그렇게 외적으로 위대한 존재를 생각하지 않습니다. 우리들 본래의 마음이 신이며 부처라고 합니다.

'이상하지 않은가. 나처럼 질투로 다른 사람을 시샘만 하는 인간의 마음이 어떻게 신이나 부처의 마음이라는 것인가!' 라는 생각이 들지도 모릅니다. 하지만 그것은 본래의 마음이 아닙니다. 암흑의 바다 밑에 있는 진흙에서 떠오른 거품인 것입니다.

이 암흑의 진흙을 불교에서는 무명無明이라고 합니다. 근본적인 무지라고도 합니다. 그리고 우리들은 이 '거품의 마음'을 본래의 마음이라고 착각한 채 행동하고 있는 것입니다.

　　그렇다면 왜 무명과 근본적 무지가 마음을 덮고 있을까요. 그것은 곧 우리들의 탄생 자체가 부모님의 번뇌의 결과이기 때문입니다. 유감스럽게도 우리들의 마음은 태어났을 때부터 근본적으로 무지에 덮여있는 것입니다.

　　하지만 영원히 계속되는 본래의 마음은, 허물이라고는 조금도 없는 맑은 마음이 무명 때문에 없어졌다는 것은 아닙니다. 달과 태양의 빛이 구름에 덮여 있듯이 망상증오, 분노, 공포, 번뇌욕망, 증오, 질투, 빼앗고 싶은 기분라는 무명의 마음이 폭을 넓히고 있는 것에 지나지 않습니다.

　　하지만 어떻게 하면 이런 구름을 걷어내고 본래 마음의 빛을 비출 수 있을까요. 그러기 위해서는 거품의 마음을 좇아 생각하거나 행동하지 말아야 합니다. 남을 원망하는 마음은 거품의 마음입니다. 여기에서 그 생각을 그치고 키우지 않는다면 내면에서 빛나는 본래의 마음이 움직이기 시작합니다. 앞의 말씀은 '원망의 마음이 일어나도 그 생각을 이어서는 안 된다. 원망의 마음을 점점 발전시켜서는 안 된다. 본래의 마음에 맡겨라. 그러면 아무것도 하지 않아도 본래의 마음이 일을 해결하고, 좋은 방향으로 가도록 조치해 준다.' 라는 의미입니다.

'마음에 떠오른 증오의 기억은 마음의 병이다. 이 생각을 그치고 끝을 맺는 것이 병을 치료하는 방법이다.' 라고 고민에서 벗어나는 방법을 설명한 말씀입니다.

• 걱정만 하고있으면 현실이 되어버린다.

아직 일어나지 않은 일이라면
그냥 내버려 두라

— 임제선사(臨濟禪師) : 중국 당나라 때의 고승

임제종의 개조 임제선사의 말씀 중 "이미 일어난 일은 생각지 말고 아직 일어나지 않은 일은 그냥 내버려 두라."의 후반부를 따왔습니다. 전반부인 "이미 일어난 일은 생각지 말고"라는 말씀은 전 항의 "염念을 일으키는 이것이 병이고, 염念을 끊는 이것이 약이다"와 같이 이미 일어나고 만 걱정이나 생각은 더 발전시키지 말라는 뜻입니다. 그렇다면 아직 일어나지 않은, 생각하지 않은 걱정은 어떻게 하면 좋을까요.

임제선사는 이렇게 말씀하셨습니다.

"언제나 신경을 써서 생각나지 않도록 하라. 방기, 즉 마음을 놓아서는 안 되니 항상 주의해 멋대로 생각이 떠오르지 않도록 하라. 그런 수행을 하라.”

중국 당나라 때의 고승 무업無業선사는 누군가 무엇을 물어도 단지 ‘막망상莫妄想 : 망상하지 말라’ 이라고 대답했다고 합니다. 망상이라고 하는 것은 생각해도 소용없는 것을 이리저리 생각하고, 끝나버려 어떻게 손을 쓸 수 없는 일로 안달복달하는 것을 이릅니다.

미래의 일은 누구도 알 수 없습니다. 또한 미래의 일은 자신의 마음에 따라 변합니다. 예로부터 “두려워하는 일은 모두 찾아온다.”라고 했듯이 걱정하면 그것이 현실이 되고 맙니다. 다시 말해서 걱정하지 않으면 그런 나쁜 일은 일어나지 않는다는 말입니다. 인간은 미래를 망상하고 미리 겁을 먹고 고민하는데, 그것은 어리석은 일입니다. 무업선사는 이런 일은 무의미하고 오히려 인생을 불행하게 만든다고 말합니다.

한편 과거의 일은 어떻게 해도 변하지 않습니다. 그런데도 ‘그때 이렇게 했으면 좋았을 것을’ 하고 생각하면서 여러 가지 후회를 합니다. 무업선사의 말에 따르면 그것이 망상이며, 그런 망상이 장래를 오염시키고 악운을 불러오게 되는 것입니다.

우리들의 생각은 모든 것을 현실로 만드는 힘이 있습니다. 과거를 후회하고 그런 짓을 하고 말았다고 자신을 비판하면 앞으로도 자신을 비판할 일들만 일어나는 것입니다.

원래 과거에 대한 비판은 ‘과거에서 벗어나 더는 괴로워하지 않는 자신이 되고 싶다는, 그렇게 하기 위해서는 어찌하면 좋겠는가?' 라는 마음에서 비롯된 생각입니다. 그런 의도가 결국은 나쁜 일을 초래하는 결과로 나타나는 것입니다.

아직 일어나지 않은 고민에 대해서는 '그것은 무의미한, 자신의 장래를 오염시키는 생각이다. 본래의 마음은 그런 것이 아니라 맑고 티 한 점 없는 상태이다. 착각해서 판단한다면 그저 괴로울 뿐이므로 거품과 같은 마음에 주도권을 주지 말고 고민이 생기지 않도록 하라' 는 말씀입니다.

그런데 이런 고민이 생기지 않도록 하려면 어떻게 해야 할까요. 사람에 따라서는 '눈앞의 일에 전념하라' 고 말합니다. 나도 그런 충고를 받은 적이 있지만, 눈앞의 일에 전념할 수 있다면 고민은 없겠지요. 그렇게 할 수 없으니까 고민이 생기는 것입니다.

나는 고민거리가 떠오르거나 걱정이 생길 것 같으면 호흡을 잠시 세어보라고 권합니다. 이것을 수식관*이라고 합니다.

---

*수식관(數息觀): 들이마시고 내뱉는 호흡을 센다. 1부터 10까지 세고 다시 1로 돌아오는데, 이것을 되풀이한다.

• 생각한들 소용없는 일로 고민하지 말라

생각한들 방법이 없는 일은 생각하지 마라

– 세키 보쿠오[關牧翁] : 임제종 텐류지[天龍寺]파(쿄토) 관장, 1991년 입적

임제종 텐류지파 관장을 지냈던 세키 보쿠오 스님의 말씀입니다. 세키 보쿠오 스님은 게이오대학 의학부에 재학하던 중, 인생을 어떻게 살아야 할지 고민하다가 당시 작가인 무샤노코지 사네아츠武者小路 實篤가 제창한 '새로운 마을'에서 농업에 종사했습니다. 하지만 그것도 만족하지 못하고 기후현의 즈이간지瑞巖寺에서 잡일을 도우며 생활을 하고 있었는데, 어느 날 주지의 강화를 듣고 '지도무난' *이라는 한 구절로 깨닫고 선에 정진한 사람입니다.

*지도무난(至道無難) : 도를 끝까지 밝히는 일은 결코 어려운 일이 아니다.

우리들은 여러 가지 고민을 안고 있지만 그 대부분은 생각해도 해결되지 않는 '생각해도 도리가 없는', 즉 '생각해도 소용없는 일'인 경우가 종종 있습니다.

'아이가 엇나가거나 커서 번듯한 직장도 못 구하면 어떻게 하나', '갑자기 암에 걸리면 어쩌나' 등 미래의 일이나 '나는 왜 이런 길을 걷고 있는 것일까, 다른 일을 하는 편이 좋지 않았을까' 이런 과거의 일은 생각해도 어쩔 수가 없습니다.

가정 아래에 성립되는 고민의 연쇄적인 예를 들면 다음과 같습니다. '아들이 원하는 대학에 진학하지 못하면 어떻게 될까?', '재수를 한다면 제대로 공부를 할까?', '그 다음해에도 대학에 붙지 못하면 정말 큰일인데……', '틀어박혀 지내지는 않을까?', '우울증에 걸리진 않을까?' ……이렇게 걱정이 계속됩니다.

이 예는 우선 대학에 진학할 수 있을지 없을지 모른다는 전제에서 이야기가 시작됩니다. 그 뒤에도 가정의 근심이 이어집니다. 이 같은 가정에서 성립된 걱정마다 결론이 나올 리가 없습니다. 그래도 걱정이 되니 어떻게든 안심할 수 없을까 갖가지 궁리를 해봅니다. 하지만 결론이 나지 않는 일을 일부러 결론지으려고 하니 계속 되풀이되고, 결국은 기진맥진해 지는 것입니다.

"결론이 나오지 않는 일은 의논하지 않는다."

이것은 가족 간에도 중요한 마음가짐입니다. 나도 아내도 이야기를 하고 있는 동안에 "이렇게 되면 어떻게 하지?"라든가

"그런 일이 일어나면 어떻게 하지?"라는 말을 하는 경우가 있습니다. 이런 때에는 "결론이 나오지 않는 일은 의논하지 않는다."라고 선언하고 더는 이야기를 진행하지 않도록 하고 있습니다.

우리들은 왜 결론이 나지 않는 일을 생각하고 의논하려고 할까요? 그것은 안심하고 싶기 때문입니다. 결론이 나지 않는 이야기는 불안합니다. 그러므로 생각하고, 뭔가 좋은 해결책을 발견하려고 합니다. 또, 가족이 좋은 방법을 내 줄 것을 바랍니다. 하지만 이런 생각은 틀린 것입니다. 결론이 나오지 않는 이야기를 계속하면 편안한 마음을 얻을 수 없습니다. 서로 상대의 의견에 반론하고 결국 마지막에는 말싸움처럼 되어 버립니다.

더욱 이야기를 크게 만들면 '내가 죽으면 가족은 어떻게 될까?'라든가 '남편이 쓰러진다면 생활을 어떻게 꾸려가면 좋을까?' 등 생사의 문제까지 의논하려고 합니다. 누구도 알 수 없는 일인데 어떻게든 방법을 마련하려고, 혹은 다른 사람이 어떻게 생각하고 있는지 알고 싶다는 생각이 이런 의논의 계기가 되는 것입니다.

"생각해도 방법이 없는 일은 생각하지 않는다."

이 말만큼 우리들 마음에 평안을 주는 말씀은 없을 것입니다.

반대로 이 말이 이렇게 우리들의 마음을 울리는 것은, 우리들이 '생각해도 도리가 없는 일'을 머리에 떠올리는 습관을 가지고 있기 때문은 아닐까요? 세키 보쿠오 스님도 예전에는 생각해도 어쩔 수 없는 일로 몹시 고민하셨겠지요. 그런 괴로움에서 나온 말씀인 것 같습니다.

• 고민하지 않는 삶이 훌륭한 인간을 만든다

걱정은 마음 씀씀이니 얼마든지 해도 좋다. 하지만 마음을 괴롭히는 걱정은 하는 것이 아니다

— 야마모토 겐뽀[山本玄峰] : 류타쿠지[龍澤寺](시즈오카) 주지,
임제종 묘신지[妙心寺]파(교토) 관장, 1961년 입적

시즈오카현의 미시마에 있는 류타쿠지龍澤寺는 에도 시대 중기에 선을 다시 일으킨 하쿠인白隱선사와 그 제자인 도레이東嶺선사가 창건한 선임제종의 유명한 절입니다.

그런데 그 후 폐불훼석廢佛毀釋 : 메이지유신 직후 일본 정부는 신도(神道)를 국교로 정하면서 불교와 엄연히 다르다는 명분을 내세워 신사에 남아 있는 불교적 요소를 없애려 했다.*역자 주으로 이 절은 완전히 황폐해 져서 지붕의 기와는 없어지고 바닥은 썩어 빈 절처럼 되고 말았습니다. 1940년대 초에 이 절의 주지가 된 인물이 야마모토 겐뽀 스님*입니다.

겐뽀 스님은 어린 시절 와카야마현의 기노강에 버려져서 부모 아닌 다른 사람의 손에 자랐습니다. 눈이 너무 나빠서 거의 시각장애인이나 다름없던 스님은 병을 고치려고 일본 전국을 돌아다니며 수행을 쌓다가 고치현의 셋게이지雪溪寺 문 앞에서 쓰러졌습니다. 이를 계기로 그 절 주지의 도움을 받아 선의 길에 정진하게 되었습니다.

겐뽀 스님이 입버릇처럼 "걱정은 마음 씀씀이니 얼마든지 해도 좋다. 하지만 마음을 괴롭히는 걱정은 하는 것이 아니다."라고 말씀하셨습니다. 스님은 "우리들의 마음은 부처와 같아 태양처럼 빛나고 있다. 하지만 이 마음이 상처를 받을 수가 있다. 실제로 마음 그 자체는 상처 입지 않지만, 마음을 덮는 망상의 검은 구름이 두꺼워 지고 그 결과 마음이 움직이지 않게 된다. 부처와 같은 소중한 마음에 상처를 주면 안 된다."라고 말씀하셨습니다.

우리들의 뇌는 어두운 감정, 마음을 아프게 하는 생각에 상처를 받습니다. 더 말하자면 뇌세포가 죽어 뇌가 작아지는 것입니다. 그 결과, 고민하는 인생을 보내는 사람은 치매에 걸리기 쉽다고 알려져 있습니다.

*야마모토 겐뽀 : 종전 조칙 중 "참기 어려운 것을 참고 인내하기 어려운 것을 인내한다."라는 문구를 바치고, 신헌법에 '상징 천황'이라는 개념을 시사했다. 스즈키 수상의 상담역을 지내기도 했다.

마음은 원래 뇌와는 다르지만, 그 움직임은 뇌에 따르고 있습니다. 그러므로 마음에 상처를 주는 일이 있으면 일상의 생활이 제대로 진행되지 않는 것이 당연합니다. 정신을 집중할 수 없고 기억도 나빠집니다. 이런 일이 좋을 리가 없지요.

여러 가지에 마음을 쓰는 것은 쉬운 일이 아닙니다. 하지만 마음을 쓰는 것과 마음을 앓는 것은 다릅니다. 여러 방향으로 생각하고, 수습을 하고, 일을 성취하는 것은 중요한 일입니다. 그런 일로 고민할 필요는 없습니다.

마음에 상처를 입으면 마음의 움직임이 억제되므로 바른 판단을 내릴 수 없게 되고 인생을 잘못 디디게 됩니다. 그러므로 생각하는 것과 고민하는 것을 한 가지로 취급하는 것은 틀린 일입니다.

'생각은 해도 고민하지는 말라' 는 것이 스님께서 하신 말씀의 뜻입니다. 소중한 마음이 상처를 입어 좋을 것이 없습니다. 만약 마음에 상처를 받지 않고 생각할 수 있다면, 그것은 망상이 아니라 본래의 마음이 할 일입니다.

겐뽀 스님은 96세까지 사셨습니다. 장수를 누린 많은 분들이 그 비결로 '끙끙 고민하지 말 것' 을 들었습니다. 즉, 마음에 상처를 주지 않으면 몸도 뇌도 건강을 누릴 수 있고 오래 살 수 있는 것입니다.

철학 서적이나 인생론 책에 자주 "고민하라. 고민을 이겨내야 위대한 사람이 된다.”라고 쓰여 있습니다. 나는 이것만큼 틀린 가르침은 없다고 생각합니다. 마음에 상처를 주는 고민이 좋을 리가 없습니다. 고민한다고 훌륭한 인간이 되지는 않습니다. 고민하지 않는 삶의 자세가 훌륭한 인간을 만드는 것입니다. 인생에 대해서 생각하고 자신의 삶에 대해서 생각하는 것은 조금도 나쁜 일이 아닙니다. 하지만 내가 사는 법이 부끄럽다며 자기비판을 하고 마음에 상처를 주는 일은 결코 해서는 안 되는 일입니다. 겐뽀 스님도 많은 사람을 지도하시고 이것을 통감하셨을 것입니다.

번민하지 않는 것이 부처의 훈련

– 지도부난[至道無難]선사 : 에도 시대의 선승

에도 시대의 선승 지도부난지도무난至道無難이라는 선어에 감명을 받아 스스로 호를 지음선사의 말씀입니다. 지도부난선사는 세키가하라 역참의 주인이었습니다. 선에 뜻을 두고 수행한 결과 선의 법통을 이었습니다.

지도부난선사의 시에는 "살면서 죽은 사람이 되고, 비참한 신세가 되어, 생각대로 되는 일은 없다.", "죽이고 죽여라! 내 자신을 죽이자. 죽여서 아무것도 없을 때 인간의 스승이 된다." 이렇게 격심한 기분을 표현한 작품이 있습니다.

선이 중국에서 일본에 들어왔을 때는 24개의 유파가 있었다고 합니다. 무소夢窓국사가 시작한 텐류지天龍寺파 등이 유명합니다. 하지만 점차 후계자가 끊어져 지도부난선사의 시대에는 2파

정도만 남게 되었습니다. 에도시대 중기에 선을 중흥시킨 하쿠인선사는 지도부난선사의 손제자입니다. 이런 것을 미루어보면 일본 선의 역사에서 지도부난선사가 얼마나 중요한 위치를 차지하고 있는지 알 수 있습니다.

현대 사회에서는 '머리를 좋게 만든다.', '기억을 좋게 만든다.', '잘 생각한다.' 라는 것이 매우 중요시되고 있습니다. 하지만 이렇게 여러 가지 일을 기억하는 훈련을 하면 불필요한 것까지 떠올리게 됩니다.

지도부난선사와 동시대 인물인 반케이盤珪선사는 고부간의 문제에 대해 "며느리가 미운 것이 아니다. 시어머니가 싫은 것이 아니다. 며느리가 그때 그런 짓을 했다, 시어머니가 심술궂은 말을 했다는 기억이 나쁜 것이다. 기억만 없다면 며느리가 밉지는 않다, 시어머니가 싫지는 않다." 라고 말씀하셨습니다.

우리들은 두뇌 훈련을 하지 않으면 기억력이 점점 나빠져 종국에는 바보가 되는 건 아닐까 하고 겁을 냅니다. 그래서 두뇌 훈련을 하고 머리를 단련하려고 합니다. 하지만 무엇을 생각하고 무엇을 생각하지 말아야 할지를 구별하는 훈련 없이 무엇이건 기억하고자 하고, 될 수 있는 한 기억하려고 노력하는 것은 위험합니다.

"염을 끊는다" 라는 항에서 이야기 했지만, 우리들은 쉴 새 없이 뭔가를 떠올리고, 게다가 그 생각을 발전시키고 있습니다. 더구나 연구에 따르면 우리들이 생각하는 일의 90%는 싫은 기억이라고 합니다. 싫은 일은 그만큼 인상이 강하기 때문일 테지요.

즉, 뭔가를 떠올렸을 때 '반드시'라고 해도 좋을 정도로 그 사건에 관련된 싫은 이야기를 떠올리고 맙니다. 그러면 그때 자신에게 못된 짓을 했던 A의 일, 그 전까지 사이가 좋지 않았던 B의 일 등이 떠올라 화가 나고 증오가 차오릅니다.

이렇게 해서 생긴 화와 증오를 억제하는 것은 쉽지 않습니다. 그 뿐만 아니라 자신과 A, B와 최초의 만남부터 기억해 내는 일도 자주 있습니다.

그런데 이런 것을 떠올려도 무엇 하나 좋은 결론은 나오지 않습니다. A의 심술, B와의 원만치 못한 관계는 변하지 않기 때문입니다. 그 결과 기분이 나빠지고 피곤해지고 마는 것입니다.

즉, 기억 훈련을 할 때 '염을 끊는다', '싫은 일은 생각하지 않는다'라는 훈련을 하지 않으면 나쁜 기억만 떠올리게 되는 어처구니없는 결과가 되어버립니다. 이렇게 되면 기억하는 훈련을 하려다가 마음에 상처를 주는 훈련을 하게 되는 것입니다. 자신에게나 인간관계에 백해무익할 따름입니다.

지도부난선사는 "생각하지 않는 훈련을 하라. 그것이 부처의 마음을 깨닫는 방법이다."라고 말씀하셨습니다.

• '즐거운 추억'은 잊어라

좋은 기억도 나쁜 기억도 떠올리지 마라

— 야마다 무몬[山田無文] : 임제종 묘신지파(교토) 관장,
하나조노대학 학장, 1988년 입적

야마다 무몬 스님의 말씀입니다. 무몬 스님은 중학교 때 《논어》의 말씀에서 인생의 의문을 느낀 뒤 대학에 진학하지 않고 여러 가지 종교를 전전하셨습니다. 그 후 티베트 불교의 대가인 가와구치 에카이河口慧海 스님의 '보리심을 일으키라'는 말씀에 감명 받아 선에 정진하여 텐류지天龍寺의 세키 보쿠오 스님의 동배로 수행을 쌓고 세키 세이세츠關精拙 스님의 법통을 이은 분입니다. 고뇌하는 청춘을 보내셨기 때문에 고민하는 사람들에게 실로 친절한 배려를 지닌 분이셨습니다.

무몬 스님은 "인간은 생각하는 갈대라고 한다. 하지만 그 갈

대는 아주 약한 갈대로, 과다한 생각을 감당하지 못하는 갈대인 것이다.”라고 말씀하셨습니다. 그리고 ‘선이란 사고思考를 정리하는 일’ 이라고 말씀하시기도 합니다.

선에서는 좋은 것도 나쁜 것도 매이지 말라고 가르칩니다. 나쁜 것에 매이지 말라는 것은 이해가 가지만 ‘왜 좋은 것에도 매여서는 안 된다는 것인가’ 하는 의문이 일어납니다.

우선 왜 나쁜 것에 매이지 말라고 하는 것인지 생각해 보도록 합시다. 우리들은 나쁜 것을 떠올리면 마음이 괴로워지고 나쁜 생각에 사로잡힙니다. 과거에 나를 곤경에 빠뜨렸거나 성공을 질투해 방해했던 사람들의 일이 떠오르면 그 상대에 대한 미움이 일어나고, 그 밖에도 자신이 받은 험한 꼴들을 기억해 냅니다.

다른 사람을 저주하면 제 무덤까지 파게 된다고 합니다. 이는 다른 사람을 미워하면 나의 마음도 괴롭고 밤에도 편히 잠들지 못하기 때문입니다. 또, 한을 풀기 위해서 뭔가 해야 한다고는 생각이 들면, 원래 써야 할 곳에는 정신이 집중되지 않고 어떻게 하면 그 미운 사람을 괴롭게 만들 것만을 궁리하게 됩니다.

이렇게 미움, 분노, 울분 등이 강해지면 본래 마음의 빛을 덮고 있는 구름의 두께가 두꺼워지고, 그 결과 다른 사람들의 신뢰를 잃거나 기피 인물이 되어 버립니다. 또 이런 ‘거품’ 의 마음에서 비롯된 생각이 올바를 리가 없습니다. 그렇기 때문에 일도 제대로 안 되고 사업도 성공하지 못합니다.

그러므로 나쁜 생각을 하면 안 된다는 가르침은 옳은 것입니다. 그렇다면 좋은 일조차 생각하지 않도록 하라고 하는 것은 왜일까요? 좋은 일, 즐거운 일이므로 괜찮지 않을까 하는 생각에 함정이 있습니다. 처음에는 기분 좋게 '옛날에 그런 즐거운 일이 있었지. 그 일은 내 일생에서 가장 좋은 일이었지.' 라고 생각하기 시작합니다. 그런데 점점 '그런데 그때 A는 협조해 주지 않았지. 다행히 성공을 거두긴 했지만 조금 위험했었어. 아니, 그때뿐만이 아니야. A는 요즘도 일이 있을 때마다 내 방식을 비판하고 주변에 고자질을 하고 다니지.' 이러한 원망이 계속됩니다. 게다가 '하지만 그 즐거움도 그때뿐이었다. 내 인생은 괴로운 일이 훨씬 더 많아서 그 때문에 꿈도 실현하지 못했다.' 등 괴로운 기분을 낳는 기억도 떠오르는 것입니다.

즉, '좋은 일' 에 대해서도 생각을 계속 해서는 안 되는 것입니다. 그런데 '좋은 일', '즐거운 일' 의 기억에는 그만 방심을 하게 됩니다. '이건 괜찮아. 염을 잇는 일은 아니야. 인간이란 즐거운 기억을 가끔 떠올리므로 괴로움도 이겨낼 수 있는 거야.' 이렇게 마음대로 이유를 붙여 생각하기 시작하는 것입니다.

이해하기 쉽게 설명해 볼까요. 사고의 악마가 있다고 칩시다. 그 악마가 우리들 본래의 마음을 지배하기 위해 틈을 노리고 있을 것입니다. 사고의 악마는 우선 우리 머릿속의 생각을 꼬드기겠지요. 악마에게 넘어간 생각은 마치 동지와 같은 얼굴로 우리들을 방심하게 만들어 결국 마음을 점거할 것입니다. 그리고 마음을 어둡고 오염된 생각, 감정으로 가득 채우겠지요. 하지만 "염을 이어서는 안 된다."라는 말씀을 새기고 실행해 나가면 점점 사고의 악마가 우리들을 지배할 기회가 줄어들 것입니다.

'좋은 생각', '즐거운 추억' 등은 우리들 마음에 은밀히 숨어드는 트로이의 목마와 같은 존재입니다. '이런 선물이라면 성 안에 들여놓자구나' 라고 마음을 놓았던 것이 바로 트로이가 그리스에게 멸망한 이유입니다.

나쁜 일은 떠올리지 않고 좋은 기억만 떠올린다는 것은 아주 어려운 일입니다. 좋은 일, 즐거운 추억이라는 목마 속에 당신의 마음을 흐리게 만드는 적의 병사들이 숨어 있는 것입니다.

그런데 '즐거운 기억을 지운다면 인생에 무슨 낙이 있겠는가?' 라고 묻는 사람도 일을 것입니다. 우리들은 원래 맑은 마음의 소유자라는 것을 생각하십시오. 이런 마음으로 충만해 사는 것은 지상의 기쁨을 누리는 일입니다. 이렇게 본래 마음의 빛남을 체득하기까지는 "좋은 기억도 나쁜 기억도 떠올리지 않는다."라는 사고방식이 옳은 것입니다.

• 바람이 불면 생각하고 바람이 그치면 잊는다

군자는 일이 생기면 비로소 마음이 드러나고, 일이 지나고 나면 마음도 따라서 빈다

– 《채근담》

'좋은 일도 나쁜 일도 생각하지 마라.' 라고 말하면, '그렇다면 아무것도 생각하지 않는 것이 좋다는 것인가. 바보가 되어 흐리멍덩해지는 것은 아닌가?' 라는 푸념이 생길 듯합니다.

여기서 불교에서 설명하는 마음의 구조에 대하여 다시 한번 이야기하겠습니다. 우리들의 본래의 마음은 죄라고는 조금도 없는 깨끗한 것인데, 평소에 그 주변을 둘러싸고 있는 망상을 마음으로 착각하고 있는 것입니다. 그래서 본래의 마음이 '저 사람은 고생하고 있으니 도와주자.' 라는 친절한 생각을 뇌에 전달하려고 해도 망상_{실은 말나식}*에 의해 '저 자는 예전에 나를 곤경에 빠뜨렸다. 내 코가 석자인데 다른 사람에게 친절을 베풀 필요는 없다.' 라는 생각이 떠올라 결국 아무것도 하지 않게 되는 것입니다.

'문득 떠올랐다' 는 것은 말나식이 방심하고 있는 때에 나타난 본래의 마음입니다. 그러므로 '문득 생각났다' 는 것은 부처의 마음이라고도 합니다. 그대로 실행에 옮기면 대단히 좋지만, 또 말나식에게 발견되어 그 마음의 명령이 뇌에 도달하지 못합니다.

앞에서 말한 《채근담》의 구절은 '뛰어난 인간은 평소에는 아무것도 생각하고 있지 않아도, 일이 생기면 필요한 생각이 떠오른다. 또, 그 일이 끝나면 언제까지나 과거의 행위에 사로잡히지 않고 잊어버릴 수 있다.' 라는 의미입니다.

장기의 명인 오오야마 야스하루大山 康晴는 "강한 기사는 패한 시합은 곧 잊어버리고 그 실패로 고민하지 않는다." 라고 말했습니다. 또, 야구 선수들도 진 시합을 곧 떨쳐버릴 수 있는 능력을 가진 사람이 경기를 잘한다고 합니다. 과거에 연연하면 진정한 마음이 움직이지 않기 때문입니다.

어느 선의 고승은 어떤 질문을 받아도 "깨어있는가?" 라고 답하고, 스스로에게도 "깨어있는가?" 라고 말을 걸었다고 합니다.

* 말나식(末那識) : 모든 감각이나 의식을 낳게 하는 마음의 작용. 객관의 사물을 자아로 여겨 모든 미망(迷妄)의 근원이 되는 잘못된 인식 작용을 이른다.

언제 무슨 일이 생겨도 당장 반응할 수 있는 마음, 이것은 망상으로 가득 찬 마음으로는 불가능합니다.

앞에서 말한 것처럼 자동차를 운전하면서 내일의 회의를 생각하면 돌연히 앞을 횡단하는 사람의 모습이 눈에 들어오지 않습니다. 눈에 들어와도 곧바로 반응을 할 수 없어 브레이크를 밟는 것이 늦어지고, 그 결과 사고가 납니다. 또한 회의 도중에 집안에서 다툰 일을 생각하다가 의제가 어디까지 진행되었는지 몰라 중요한 결과를 놓지는 일도 있겠지요. 마음도 마찬가지입니다. 망상으로 덮여있으면 본래의 재빠른 반응을 할 수 없습니다.

이처럼 생각해야 할 때에 필요한 것을 생각해 내고 꼭 필요한 때에 쓸데없는 것을 떠올리지 않기 위해서는 마음의 훈련이 필요합니다. 이런 훈련 없이 단지 기억 훈련만을 한다면 점점 나쁜 기억을 떠올리고, 상황에 맞지 않을 때 이상한 생각을 해서 인생에 나쁜 결과를 거두게 되는 것입니다.

일이 끝나면 곧 완전히 잊고 그것에 연연하지 않는 것이 가능해지려면 그 만큼 마음의 수행이 필요합니다. 그것을 가능케 하는 것이 선이며, 선의 생활 방식입니다.

이 책에서 자주 나오는 텐류지天龍寺의 세키 세이세츠 스님은 재계와 군계에 많은 신자를 두어서 큰 신뢰를 받았으며 또 호쾌한 성격으로도 유명했습니다. 어느 날 사람으로 가득 찬 연회 도중 게이샤와 입을 맞추었습니다. 이 모습을 본 어느 회사 중역이

"노스님은 저런 점만 빼면 좋을 텐데!"라고 한탄했습니다. 여기에서 시자였던 세키 보쿠오 스님이 절에 돌아온 후 세이세츠 스님에게 이 이야기를 전하니 "자네는 아직도 그런 일을 질질 끌고 다니나?" 하고 일갈했다고 합니다.

기억의 훈련은 나쁜 일은 아닙니다. 하지만 그 훈련과 함께 언제 어떤 장소에, 무엇을 생각하고, 무엇을 잊어야 하는가 하는 마음의 훈련이 필요합니다. 여기에서 든 말씀은 그 방법을 제시하고 있습니다.

"일이 생기면 비로소 마음이 드러난다."

이 문장은 아직 아무것도 일어나지 않은 미래의 일을 걱정하고 고민하는 것보다 현재의 일에 마음을 집중해서 장래, 그 일이 일어나고 나서 그에 대처하는 마음의 발동을 찾아야 한다는 것입니다. 그래서 그것이 끝나면 곧 잊고 마음도 따라서 비고 새롭게 눈앞에 나타난 일에 전념하는 것이야말로 마음의 평안을 유지하는 비결인 것입니다.

이 점은 선에서 항상 강조하고 있는 것입니다. 출전인 《채근담》의 유명한 시에도 이런 사상이 나타나 있습니다.

"바람이 성긴 대숲에 오매 바람이 지나가고 나면 대는 소리를 지니지 않고, 기러기가 차가운 못을 지나매 기러기가 가고 나면 못은 그림자를 남기지 않는다."

이 시는 소리 내어 읊는 것만으로도 정경이 떠올라 시인의 기분이 전해져옵니다. '바람이 지나가면 대나무는 그 이상 소리를 내지 않는다. 기러기가 떠나가면 수면에 비추는 새 그림자가 없다' 라는 시입니다. 기억해 두고 싶은 시 중의 하나입니다.

• 어떠한 죄도 언젠가는 용서받는다

망각은 마음을 씻는 비누이다

– 타니구치 마사하루[谷口雅春] : '생장의 집'의 개조, 1985년 입적

지난날, 과거의 여러 가지 일에 사로잡혀 괴로워하던 무렵, 몇
번이고 이 말씀을 읽었습니다. 그때의 감격은 지금도 기억이 납
니다. 이 말씀을 설명하며 타니구치 마사하루는 "과거는 지나갔
다. 생각하며 고민하는 것은 어리석은 짓이다. 미래는 아직 오지
않았다. 걱정하는 것은 어리석은 일이다. 결국 고민하는 자는 과
거를 현재에 넘기고, 미래를 현재에 가져와서 지금의 행복을 상
상 속에서 오염시키고 있는 것이기에, 그런 바보 같은 짓은 하지
않는 것이 좋다. 지금을 즐겨라. 과거는 잊어라. 이 망각은 그대
의 인생을 정화하는 비누의 작용을 한다." 라고 말씀하셨습니다.

어떤 종교든 근본에는 용서가 있습니다. 가톨릭에서는 참회

하면 신은 모든 것을 용서해 준다고 합니다. 예수님은 우리들의 죄를 갚기 위해 십자가에 못 박히셨다고 하지 않습니까. 이슬람교에서도 "알라는 모든 것을 용서한다."라고 합니다. 물론 불교도 마찬가지입니다. 하쿠인선사는 《좌선화찬》 중에서 "일좌一坐의 공을 이룬 사람은 한량없이 쌓인 죄도 없어진다."라고 하셨습니다. 한 번 좌선을 하면 모든 죄가 사라진다는 뜻입니다. 그뿐 아니라 불교에서는 죄 그 자체를 인정하지 않습니다.

어찌됐건 용서가 없으면 종교가 아니라고 해도 과언이 아닙니다. 그런데 최근에는 "죄를 지으면 평생 갚아라."라고 주장하는 사람이 많아졌습니다.

물론 피해자의 괴로움을 생각하면 죄를 지은 사람이 완전히 과거를 잊어버리고 태연하게 살아가는 것은 용서할 수 없겠지요. 하지만 죄를 지은 사람이 '나는 나쁜 인간이니, 이 죄는 평생 갚아야 한다.'라고 생각한다 해도 그건 불가능한 일입니다. 자신을 죄인이라 여기며 열등감을 가지고 산다면 결과는 눈에 보입니다. 틀림없이 다시 잘못을 저지르고 말 것입니다. 이런 사람은 본인에게 자신감이 없기 때문입니다.

뭔가 실패했을 때 '나는 한심한 인간이라서 이런 실패를 하는 것이다.'라고 스스로 책망하고, 그 결과 본능을 자극하면 그 본능에 따라 또 죄를 저지르고 마는 것입니다.

우리들은 잘못을 범하기 쉬운, 혹은 잘못을 범하는 생물입니다. 이것은 인종, 성별, 연령, 지위를 막론하고 벌어지는 일입니다. 그리고 죄를 지은 사람이 '그렇다면 어떻게 해야 좋을까. 죄는 영원히 용서받지 못하는 걸까. 설령 형기를 마쳐도 그건 인위적인 것으로, 피해자와 가족은 영원히 괴로운 것이다.'라고 생각한다면 살아있는 의미를 잃고 말 것입니다.

이렇게 고민하는 사람들 앞에 예수와 모하메드, 석존이 나타나 "죄는 없다. 신은 죄를 용서해 준다."라고 선언하자 이 말을 들은 죄인들이 환희에 차서 그 종교의 신자가 되었던 것입니다.

형법에 저촉되는 죄조차 용서되는데 자신이 과거에 저지른 실패가 왜 용서받지 못하는 것일까요. 그때 그런 일을 저지른 자신은 얼마나 한심하고 칠칠치 못한 인간이었는가 하고 계속 책망하는 모습은 옳은 것일까요. 아니, 틀린 것입니다. 그러므로 망각이라고 하는 비누로 잘못을 씻어내라고 하는 것이 바로 이 글의 가르침입니다.

종교가 가진 구원 중 최대의 구원은 죄의 사함입니다. 기독교에서는 신으로부터 영원한 생명을 받는다고 합니다. 하지만 죄를 영원히 용서받는다고 하는 점이야말로 영원의 생명을 얻는 것과 같은 의미인 것입니다. 우리들이 저지른 모든 죄를 짊어지고 예수님은 십자가에서 죽었습니다. 이것은 신에게 영원한 생명을 부여받고 있으니 죄는 없으며 이제 사함을 받고 있다는 선언입니다.

우리가 어떤 종교를 가지던 죄는 용서받는 것입니다. 아니, 다시 말하지만 선에서는 죄라는 것을 인정하지 않고 있습니다. 이것을 잘 이해하고 자신을 책망하지 않는 것, 이것이 망각이 가진 '마음을 씻는 비누'의 역할입니다.

지난날 살인을 저지른 어느 청년을 다룬 TV 드라마를 보았습니다. 이 청년이 자신의 연인을 지키기 위해 말싸움을 했는데 상대가 찌르려고 하는 칼을 빼앗아 상대를 찔러 죽이고 말았다는 줄거리입니다. 가석방 후에도 피해자의 가족은 그를 용서하지 않고 사회도 냉정했습니다. 그 때문에 다시 문제를 일으키고 가석방은 취소가 되었습니다. 하지만 주위 사람의 애정과 스스로의 노력으로 다시 출소하고, 또 인생을 되돌리려고 하는 이야기입니다. 마지막에 주인공은 "나는 사람을 죽였다!"라고 외친 다음 "하지만 이 사실을 잊지 않고 살아가겠습니다."라고 선언하며 프로그램은 막을 내립니다.

많은 사람들이 이 결말에 찬성하리라 생각합니다. 하지만 평생토록 사람을 죽였다고 자백하면서 살아간다는 것은 불가능합니다. 오래가지 않습니다. 인간을 용서하고 용서 받는 근저에는 망각이 있어야만 하는 것입니다. 이 TV 드라마와 같은 살인 사건도 그렇습니다. 더욱이 일상의 작은 일에 대해 언제까지나 고민하고 괴로워하는 것은 의미가 없으며, '괴로워하라'고 명령할 자격을 가진 사람도 없는 것입니다.

• 무리하게 이것저것 생각하지 말라

과거란 끌어내지 않으면 존재하지 않는다

―나카가와 소엔[中川宋淵] : 류타쿠지[龍澤寺] 주지, 1984년 입적

류타쿠지(시즈오카현) 주지로 야마모토 겐뽀 스님의 법통을 이은 나카가와 소엔 스님의 말씀입니다. 소엔 스님은 야마구치현에 서 태어난 뛰어난 수재였습니다. 우수한 성적으로 도쿄대학을 나오셨는데, 선에 뜻을 둔 뒤 초등학교도 나오지 못한 야마모토 겐뽀 노스님의 제자가 되었습니다.

소엔 스님은 과거를 요술에 비유하셨습니다. 여러분도 마술 사가 트럼프를 손바닥에 쥐고 그 손바닥의 어딘가에서 다른 손 으로 계속 깃발을 꺼내는 장면을 본 적이 있을 것입니다. 깃발은 원래 끈에 매어져 양복의 소맷부리 안에 감춰져 있던 것으로 이 것을 당기고 있을 뿐입니다.

과거는 이것과는 다릅니다. 과거의 끈이 주머니에서 나와 있

어, 이것을 잡아당기면 계속 과거의 여러 가지 일이 깃발처럼 나온다고 생각하는 사람도 있을지 모릅니다. 하지만 과거의 주머니에는 아무것도 없습니다. 잡아당겨 꺼내면 과거는 실재하는 것처럼 나오지만, 잡아당기지 않으면 존재하지 않습니다. 즉, 숨겨져 있는 것이 아닙니다.

이것은 매우 중요한 사실입니다. 과거의 실패, 하지 말았어야 하는 일, 다른 사람에게 말하기조차 부끄러운 일, 이것들은 뇌의 어딘가에 책처럼 감추어져 있는 것이 아닙니다. 잡아당기면 추억이 되는, 즉 실체가 나타나지만 잡아당기지 않으며 존재하지 않습니다.

우리들은 과거의 실패가 언제나 뇌의 어느 부분에 저장되어 있어서 잡아당기면 끈으로 연결된 깃발처럼 나온다고 생각하지만, 실제로 생각하지 않고 있을 때는 존재조차 없는 것입니다. 숨겨져 있는 것이 아닙니다.

과거의 A라는 일에 대해 반성하고, '그런 짓을 한 나는 얼마나 한심한 인간인가' 라고 자신을 비난하고 있을 때 다른 사건 B는 나오지 않습니다. 어떤 일이든 과거의 사건은 잡아당길 때만 존재하는 것입니다.

이것을 무리하게 감추고 있다고 생각하면, 범죄자가 자신의 범죄를 감추고 있는 듯한 기분이 되고, 자신이 아주 나쁜 사람이라고 생각하게 됩니다. 과거를 감추고 있다고 생각하므로 자꾸

자책하게 되는 것입니다.

과거는 생각하지 않으면 존재하지 않는, 과거는 감추고 있는 것이 아니라고 생각하면 우리들은 자책에서 벗어날 수 있습니다.

의학적으로도 기억이라고 하는 것은 존재하지 않으며 뇌세포의 활동이 존재할 뿐이라고 합니다. 존재하지 않는 과거의 일로 자신감을 잃고, 스스로를 강하게 비판하며 괴로워하는 것은 어리석은 짓입니다.

"유령의 정체, 알고 보니 마른 억새" 라는 속담이 있습니다. 실체가 없는 과거를 후회하거나 '그 일이 없었다면 얼마나 좋았을까' 라고 생각하는 일은 바람에 흔들리는 마른 억새를 보고 유령이라 착각하고 무서워하는 것과 같습니다.

그 과거를 생각하지 않으면 불안하다고 말하는 사람도 있습니다. 그것은 자신의 실수를 감춰두고 싶지 않다는 생각에서 일어난 기분입니다. 감추고 있는 것이 아닌, 존재하지 않는 것이라고 선언하는 행위는 우리들을 과거의 망령에서 구원해 줍니다. 실체가 없는 망령에 벌벌 떠는 것만큼 무의미한 일은 없겠지요. 참으로 에너지의 낭비일 뿐입니다.

세상에 여기보다 좋은 곳은 없구나

―야마모토 겐뽀[山本玄峰]

겐뽀 스님이 언제나 입에 올리시던 말씀입니다. 겐뽀 스님이 처음 시작한 말은 아니고 많은 분들이 같은 의미의 이야기를 했습니다.

이 말씀은 "세상에 여기보다 좋은 곳은 없구나. 다른 곳은 가지 못하고 옆에는 있지 못하고 세상에 지금보다 좋은 때는 없구나. 어제는 지나가고 내일은 오지 않았다." 라는 시의 일부이기도 합니다.

선에서는 '현재, 지금' 이라고 하여, 지금 이 장소 이외에 갈 곳은 없다고 하는 것을 자각시키려고 합니다.

우리들은 '만약 다른 일을 하고 있다면 더 잘됐을 텐데' 라던가 '이런 일을 하려던 건 아니었다. 여기서는 미래가 없다' 라고 하기 십상입니다. 이렇게 지금 하고 있는 일에 전력을 쏟아 붓지 않고 다른 곳에 좀 더 멋진 인생이 있을 것이라고, 혹은 있었을 것이라고 생각하는 것이 우리들입니다. 이런 들뜬 생각을 바로 잡고자 "던져진 자리에 일어서는 오뚝이로다!" 오뚝이는 어디에 던져도 그 자리에서 일어난다. 라는 말도 있습니다. 지금을 경시하고 다른 곳에 마음을 빼앗기는 것을 훈계하고 있습니다.

시의 구절 "옆에는 있지 못하고" 라는 말에도 의미가 있습니다. 우리들은 자신의 일을 다른 사람의 일인 것처럼 말하는 경향이 있습니다. 우리들은 지금 이 순간의 주역이지 조역이 아닙니다. 내가 지금 이 일을 하고 있는 것이지 다른 사람이 그 일을 하는 게 아닙니다. 내가 일을 잘 해내면 일은 성공을 거두고, 그렇지 못하면 성공은 멀어집니다. 잘하든 못 하든 모든 것은 나에게 결정권이 있는 것입니다. 다른 사람이 결정권을 가지고 있고 나는 그저 부림을 당할 뿐이라는 생각은 잘못된 것입니다.

이 말씀은 시간에도 적용됩니다. 어제의 일을 이리저리 생각한들 이미 지나간 일이다. 내일의 일을 요모조모 걱정해도 내일은 아직 오지 않았으므로 무슨 일이 일어날지 모른다는 것이 이 시의 의미입니다.

이 시와 비슷한 의미를 가진 시도 있습니다. "세상에 지금보다 좋은 때는 없구나. 과거와 미래는 알 수 없고 다른 곳으로 갈

수가 없다.” 이 시는 과거의 일을 아무리 생각해도 과거로 돌아
갈 수가 없으며, 미래의 일을 걱정해도 미래에 무엇이 일어날 지
아무도 모른다는 뜻입니다.

선에서는 이만큼 지금을 중요하게 여기라고 설명합니다. ‘지
금을 소중하게 여기고 지금 할 수 있는 일을 하면 분명 길이 열
린다. 다른 사람이 술술 풀리는 것처럼 보여도 실제로 그런지 아
닌지는 알 수 없다. 현재에 전념하면 나의 본래 마음이 그것을
기뻐하고 빛을 더하며, 그 마음이 인생을 성공으로 이끈다.’ 라
고 말합니다.

다시 말해 우리들은 다른 사람이 될 수 없습니다. 나는 타인이
아닌 자신입니다. 그러므로 자신이 하고 있는 일 외의 것을 생각
한들 의미가 없습니다. 또, 과거는 바꿀 수 없습니다. 다시 한 번
거듭한다는 것은 불가능합니다. 왠지 인생을 다시 시작해 볼 수
있다고 생각하는 사람이 있을 지도 모르지만, 실제로는 그럴 수
없습니다. 이렇게 생각하면 지금밖에 없고, 여기밖에 없다는 것
을 실감할 수 있을 것입니다.

• 백 살이 되어도 노력을

사람의 값어치와 담배 맛은
연기가 된 후에 비로소 안다

— 야마모토 겐뽀[山本玄峰]

역시 겐뽀 스님의 말씀입니다. 겐뽀 스님은 인간은 세월과 함께 진보한다고 늘 말씀하셨습니다. 이 말씀을 이해하기 위해서는 사람의 운과 업의 관계를 알 필요가 있습니다.

우리들이 생각하는 것, 말하는 것, 행동하는 것은 전부 업業으로서 우주의 예금통장에 기록됩니다. 이런 행위들이 자비에 기초를 두고 있다면 선업이 되어 예금이 불어나고 그 결과 운은 좋아집니다. 반대로 무자비한 마음에서 나온 행동이라면 악업이 되어 빚이 늘고 운은 나빠집니다. 그러므로 마음을 닦아 정화시키고 망상, 번뇌를 줄이면 선업이 쌓여서 그 사람의 내세는 더욱 좋은 인생이 됩니다.

겐뽀 스님은 다음과 같은 말씀도 하셨습니다.

"일흔보다 여든, 여든보다 아흔, 아흔보다 백, 백보다 죽은 뒤에!"

인간의 운은 노력하면 하는 만큼 좋아집니다. 그러므로 70대 노인의 업보다 80대 노인의 업이 좋아집니다. 더구나 죽은 뒤 그 사람이 평가되는 때에 그 업에 따라 내세도 결정되므로, 죽은 뒤에야말로 그 사람의 진정한 값어치를 알 수 있다는 것입니다. 그것이 "사람의 값어치와 담배 맛은 연기가 된 후에 비로소 안다."라는 시의 의미입니다.

많은 사람이 정년이 되면 시간을 주체하지 못합니다. 게다가 몸도 점점 쇠약해지고, 만년에는 하루하루 죽음에 다가가는 듯한 느낌이 듭니다. 잔혹하게 말하자면 '사형대로 향하는 날들'이라는 느낌입니다. 이렇게 되어서는 만년에 의미가 없습니다. 죽음을 기다리는 공백의 시간에 지나지 않는 것입니다. '남아있는 시간'이 얼마 되지 않으므로 좋은 행위를 해서 선업을 쌓아도 의미가 없다고 생각하는 사람도 있을지 모르겠습니다.

겐뽀 스님은 "그렇지 않다."라고 단언합니다. 만년은 아직 향상이 가능한 시간이며, 내세에 대한 준비의 시간으로 봐야 합니다. 흐르는 세월과 함께 육체는 쇠약해 져도 마음은 쇠약해 지지 않습니다. 하물며 업의 예금을 지키는 것뿐만 아니라 불리는 것도 가능합니다.

그러므로 나날이 수행을 게을리 해서는 안 됩니다. 수행은 다른 사람을 위한 것이 아니라 자신을 위한 행동입니다. 자신의 선업을 쌓기 위한 행위입니다. 그리고 마음을 닦아 맑게 하는 것, 이것이야말로 만년의 목표입니다.

우리들은 겐뽀 스님의 이 말씀으로 인생의 끝을 어떻게 완수해야 할지를 알게 되었습니다. 만년의 허무함에서 해방된 것입니다. 모든 행위, 노력이 나를 향상시키는 일이어야 합니다. 이제 무의미한 일은 무엇 하나 없습니다.

나는 이런 생각에 뿌리를 두지 않으면 어떠한 인생관도 만년에 행복을 줄 수 없다고 생각하고 있습니다. 이런 생각을 가지고 있으므로 아무리 나이를 먹어도 향상을 목표로 삼게 되는 것입니다. 오늘보다 내일, 내일보다 모레, 올해보다 내년, 내년보다 내후년, 더 말한다면 현세보다 내세, 내세보다 그 다음 내세가 되겠지요. 겐뽀 스님처럼 96세까지 장수하며 대중을 이끌고 영향력 있는 책을 쓴 분을 보면, 그야말로 모든 일에 이런 사고방식을 관철해 살아왔기에 가능했을 것입니다.

제 2 장

마음이 안절부절 진정되지 않는다면

우리들의 정신을 가장 소모시키는 것은 미리 걱정하는 일입니다.
아직 일어나지도 않은 일을 생각하고 걱정해도 아무런 해결도 나지 않습니다.
단지 걱정만이 항상 머리를 지배하고 있을 뿐입니다.
예수님도 말씀하셨듯이 '하루의 고생은 하루로 족한' 것입니다.

일일시호일 日日是好日

명사의 자택을 방문하면 이 글귀를 적은 액자를 종종 발견하게 됩니다. 이 글이 선의 말씀이라는 것을 모르는 사람이 있을지 모르지만, 말씀 자체는 널리 알려져 있습니다.

이 말씀은 선의 고전으로 유명한《무문관》에 필적하는《벽암록》에 게재되어 있습니다. 이 말씀이 생긴 경위를 말씀드리겠습니다. 중국 당나라 때의 고승 운문선사가 강화를 할 때 제자에게 "보름 이전의 일은 묻지 않겠다. 보름 이후의 일을 나타내는 한 구절을 가지고 오너라."라고 말씀했습니다. '보름'이라는 기간에는 그다지 깊은 의미는 없습니다. '과거의 일은 어떠해도 좋다. 장래를 나타내는 좋은 한 구절을 말해보라'는 의미입니다.

이에 대해 대답하는 제자가 없었기 때문에 운문선사 스스로

"일일시호일 日日是好日" 이라고 했답니다.

이 말씀은 '인생에는 간혹 운이 좋다든가 나쁘다는 것은 없다. 쉼 없는 노력으로 매일 매일을 좋은 날로 만들라' 는 의미입니다. 구체적으로 이야기해 보겠습니다.

최근에는 운세를 보는 것이 대유행입니다. TV, 신문에도 '오늘의 운세' 라는 프로그램과 코너가 있어서 "오늘은 이러저러한 날이니까 이렇게 하도록 하시오." 라고 말해줍니다. 예를 들어 "이 별자리의 사람은 아침에 오이를 먹고 외출하면 운이 트입니다. 친구와의 대화는 될 수 있는 한 짧게 끝내세요." 이렇게 써 있곤 합니다.

운세를 점치는 말이 이 정도로 TV나 신문에 나온다는 것은 많은 사람들이 이것에 관심을 가지고, 어느 정도 이 의견에 따르고 있기 때문이라고 생각됩니다.

또, TV 등에서 출연자의 운세를 점치고 "당신의 장래는 이렇게 되니까 올해는 집을 짓지 않는 것이 좋다." 라던가 "당신의 그 성격이 문제다. 그래서는 행운이 오지 않는다." 라고 훈계하는 사람까지 나옵니다.

이런 직업에 딴죽을 걸자는 것은 아니지만, 나는 운은 예측할 수 없다고 생각합니다. 하지만 많은 사람들이 뭔가 좋은 일이 계속 일어나는 날도 있고, 나쁜 일만 이어지는 때도 있다는 것을 경험하고 있으므로 뭔가 좋은 날, 나쁜 날이 있을 듯한 느낌이 드는 것도 무리는 아닙니다.

실제로 비가 지속되는 시기, 맑은 날씨가 이어지는 시기가 있는 것처럼, 인생의 사건 역시 균등하지 않으며 행운, 불운이라는 관점에서 봐도 행운이 지속되거나 불운이 오랜 기간 계속되거나 합니다. 따라서 운은 태어난 날, 시간, 붙여진 이름의 여러 가지 영향을 받아서 변한다고 생각할 수 있는 것입니다.

앞에서 말했듯이 운은 내가 가지고 있는 우주의 예금통장 잔고로 결정되는 것입니다. 만약 우리들의 생각, 단어, 행동이 자비에 뿌리를 두고 있으면 선업이 쌓이고 그 결과 운이 좋게 됩니다. 악업을 쌓으면 운은 나빠집니다. 이것이 인과의 법칙原因이 있으므로 결과가 있다.입니다. 하지만 이 세상에는 나만 살고 있는 것은 아닙니다. 자기 주위 사람들, 아니 이 지구에 살고 있는 모든 사람에게 이 인과의 법칙이 해당되므로, 악업을 쌓은 사람에게 일시적으로 좋은 운이 돌아오거나 선업을 쌓은 사람이 가끔씩 불운한 일을 당하는 경우는 있습니다.

하지만 인생은 이번 일생뿐만이 아니라 내세, 다음 내세로 계속 됩니다. 그렇게 길게 보면 분명 선인선과善因善果, 악인악과惡因惡果의 인과법칙이 들어맞는 것입니다. 이것은 통계를 생각하면 알게 됩니다. 주사위를 던져 숫자를 기록하면 처음에는 1부터 6까지 같은 횟수로 나오지 않습니다. 그런데 오랫동안 계속 던지면 분명 1부터 6까지가 거의 비슷하게 나옵니다.

운명에 대해 도겐선사道元禪師는 "나쁜 일을 해도 그 결과가 나타나지 않는다고 생각하는 것은 틀린 생각이다. 결과는 분명 인과의 법칙대로 나타난다."라고 말씀하셨습니다. "악을 지은 자는 추락하고 선을 행한 자는 상승한다."

나쁜 일을 한 사람은 최후에는 분명 그 값을 치러 불행해 지고, 좋은 일을 한 사람은 마지막에 반드시 상승한다, 즉 행복하게 되고 목적을 달성한다고 말씀하시고 있는 것입니다.

일시적으로 주사위의 눈이 6, 6, 6, 6으로 나오면 뭔가 재앙인가 구원인가 생각하게 되지만, 이것은 우연에 지나지 않는 것입니다. 만약 6이 나쁜 일이라고 한다면 6이 계속 나올 경우 자신의 운이 나쁘다고 생각해 절망적인 기분이 되지만, 이후로는 1, 1, 1, 1이라는 숫자도 나오는 것입니다. 주사위의 경우에는 숫자가 나오는 방법이 균등하지만 운의 경우는 평상시의 생각, 행동이 주사위의 눈을 바꿉니다. 그러므로 다음 숫자가 뭐가 나올 지 궁금해 하지 말고, 어려울 때라도 나쁜 짓을 하지 말고 성심성의껏 살아가는 것이 중요합니다.

무리한 소원은 이루어져도 대갚음이 돌아온다

– 야마모토 겐뽀[山本玄峰]

이 말씀은 겐뽀 스님이 《무문관 제창無門關堤唱》에서 하신 말씀입니다. 앞에서도 언급했지만, 우리들의 운은 인과의 법칙에 지배되어, 그것 이외의 아무 것에도 지배당하지 않습니다. 뭔가 원인이 있으므로 결과가 있는 것입니다. 좋은 일을 하면 좋은 일이 일어나고 나쁜 일을 하면 나쁜 일이 일어나는 것입니다.

하지만 좋은 생각이나 행동과 좋은 운의 관계는 산수처럼 단순한 것이 아닙니다.

산술로 따지자면, 100만 원을 빌렸으면 반드시 100만 원을 갚아야 합니다. 하지만 운의 계산법은 다릅니다. 100만 원어치의 은혜를 입은 뒤 1만원짜리 선행을 하더라도 진심을 담아 행하고, 그 후에도 은혜를 잊지 않고 있으면 운의 빚은 없어지는 것입니다. 이 점이 뺄셈, 덧셈과는 다른 것입니다.

이런 이치를 이해하면 지금은 1만원조차 갚을 능력이 안 되더라도 친절한 마음, 감사의 마음을 가지고 행동하면 언젠가 빚을 갚을 뿐만 아니라 업의 저축도 쌓을 수 있다는 것을 알 수 있을 것입니다.

이렇게 생각하면 나의 지금 생각이 운에 직접 영향을 준다는 것이 아니라, 오랜 세월에 걸친 업의 예금 잔고로 운명이 결정되는 것으로 생각할 수도 있습니다. 그런데 우리들의 생각은 직접 지금의 운을 변화시키는 힘을 가지고 있습니다. 앞에서 든 겐뽀 스님의 말씀은 그런 의미를 담고 있습니다.

야마모토 겐뽀 스님은 《무문관 제창》에서 "어떤 무리한 일도 한두 번은 묘하게 이루어진다. 사람의 정신은 위대한 것이라 소원이 이루어지긴 하지만 또한 그 대갚음이 돌아온다."라고 말씀하셨습니다.

인간의 염이 응축되면 그 힘은 커다란 영향력을 가집니다. 그런데 그 염이 나쁜 욕망에 의한 것이라면 더욱 악업이 쌓이므로 결국 더욱 불행해 지고 마는 것입니다. 그러나 괴롭다고 해서 상대를 쓰러뜨리고 잘해 보겠다는 생각은 일시적으로는 이루어질지 모르지만, 그 후 수십 배의 벌이 되어 운을 혼란시키므로 결국 소원은 이루어지지 않는 것입니다.

세키 세이세츠 스님도 "무릇 사람의 순수한 소원은 꼭 이루어진다. 그러므로 항상 좋은 염을 가지는 것이 중요하다.”라고 말씀하셨습니다. 이 ‘순수’라는 말이 중요합니다. 오염된 욕망도 때로는 이루어지지만, 그 대갚음이 돌아오므로 결코 그런 짓을 하면 안 된다는 것이 겐뽀 스님의 말씀입니다.

이 세상 모든 사람이 항상 여러 가지 욕망을 가지고 즐거움을 누리기 위해서는 무슨 짓이든 하겠다고 생각합니다. 이 모든 사람들의 생각과 행동, 게다가 모든 사람들의 업의 예금이 서로의 운명에 영향을 주고 있기 때문에 그 복잡함은 우리들의 이해를 넘어서고 있습니다. 우주는 무언 속에서 이 복잡한 관계를 한 치도 어긋나지 않게 실현시키고 있습니다.

그러므로 우리들이 지금 생각하는 것, 오늘 행한 일들이 곧 결과로써 운에 나타나는 것은 아닙니다. 하지만 때가 되면 생각은 분명 실현됩니다.

“계속 하는 것이 힘이다.”라고 합니다. 항상 뭔가 목적을 생각하고 그 실현을 위해 노력하면 업의 예금이 점점 쌓여 때가 되면 분명 일은 성취되게 됩니다.

이 말씀은 단순히 평소에 좋은 일을 하는 것만이 아니라, 정말 뭔가 하고 싶은 것을 정하여 생각하고 살면 꿈을 이루는 데 매우 큰 도움이 될 것이라는 의미를 나타내고 있습니다. 아울러 노력은 반드시 보답 받는다는 것도 보여줍니다.

• 가난해도 할 수 있는 일곱 가지 보시

방기放棄하면 할수록 사회는 존경한다

— 야마다 무몬[山田無文]

야마다 무몬 스님의 말씀입니다. 무몬 스님은 출세나 재력이라는 세속적인 인생의 목적을 모두 버리고 선에 몸을 바쳐 깨달음을 얻으셨습니다. 스님에게는 세속적인 성공을 거둔 동창들이 있었는데, 그 친구들은 입을 모아 스님을 반에서 가장 출세한 친구로 꼽았다고 합니다. 이 말을 들은 스님은 "방기하면 할수록 사회는 존경한다."라는 대답을 남기셨습니다.

무몬 스님은 세속적인 모든 것을 방기하는 것만으로는 충분하지 않다고 말씀하셨습니다. 역시 선업을 쌓아야 한다고 하셨습니다. 하지만 선에 뜻을 두었던 젊은 날의 자신과도 같은 "무일푼인 사람은 어떤 방법으로 선업을 실천할 수 있을까요?"라며 스님은 질문을 던집니다. 실은 석가모니 부처님 역시 이 물음에 다음과 같은 뜻의 말씀을 하셨습니다.

괴로움을 당하고 있는 사람, 곤란함을 겪고 있는 사람에게 뭔가를 주는 것을 보시라고 합니다. 그리고 이 보시가 세속적으로는 운세를 좋게 합니다. 세속을 떠난 사람에게는 존경을 가져다주고, 포교의 영향력이 높아집니다. 하지만 이 세상에는 특별한 능력도 재력도 없어 다른 사람에게 아무것도 줄 수 없는 사람도 많습니다. 이런 사람들은 선업을 쌓을 수 없는 것일까요? 또, 지위도 돈도 없고 건강하지도 못한 사람은 혹시 전생에서 운의 빚을 졌을지도 모릅니다. 이런 사람은 빚을 갚는 일도 하지 못하고 운을 호전시킬 수 있는 수단도 없는 것일까요? 영원히 고통 속에서 살고, 나아가 괴롭기 때문에 잘못을 되풀이해서 운은 점점 나빠질 뿐일까요?

그런 일은 없다고 부처님께서는 말씀하셨습니다. 부처님은 '무재의 칠시'를 말씀하시면서 반드시 돈과 물건이 없어도 일곱 가지의 훌륭한 보시를 할 수 있고 운을 호전시킬 수 있다고 하셨습니다.

그 첫 번째는 '시원스러운 눈을 베푸는' 일입니다. 상냥한 눈으로 상대를 보면 좋은 인상을 주게 되는데, 물질을 주는 것 이상으로 사람을 행복하게 만듭니다.

두 번째는 '상냥한 말을 베푸는' 일입니다. "감사합니다.", "덕분입니다."라는 말이 얼마나 인간관계를 좋게 만드는지 여러분은 체험하셨을 겁니다.

세 번째는 '화언열색和顏悅色을 베푸는' 일로 온화한 얼굴, 기쁨에 가득 찬 얼굴로 사람을 대하라는 뜻입니다.

네 번째는 '따뜻한 마음을 베푸는' 일입니다. 따뜻한 마음이 선업을 쌓는 것은 이미 이야기했습니다. 어떤 고가의 보시도 마음에서 우러나지 않으면 덕이 되지 않습니다.

다섯 번째는 '몸을 베푸는 것'으로 '몸을 아끼지 않고 일을 하는' 것입니다.

여섯 번째는 '방사시房舍施'로 '묵을 곳이 없는 사람에게 잠잘 곳을 마련해 주는' 일입니다.

일곱 번째는 '상좌시床座施', 즉 노인이나 몸이 불편한 사람에게 자리를 양보하는 것입니다.

이렇게 보시의 마음을 가지고 욕망을 될 수 있는 한 적게 품으면, 원하고 바라는 것보다 더욱 행복이 온다는 것이 부처님의 가르침이고, 무몬 스님의 말씀입니다.

우리들은 잃는다는 것을 본능적으로 두려워합니다. 잃으면 돌아오지 않는다, 혹은 더 많이 잃을 지도 모른다는 기분에 사로잡힙니다. 그렇기 때문에 정말로 중요한 것 이외의 것을 지키려고 아득바득하고 있는 것입니다. 이건 좋지 않습니다. 가장 중요한 것을 정했다면 그 이외의 것은 포기하고 가장 중요한 일에 전념해야 합니다.

헛된 욕심을 버리고 본직에 전념하면 세속의 명성도 높아집니다. 불교에서는 이런 일을 "법의 바퀴가 구르면 식食의 바퀴도

구른다."라고 말합니다. 즉, 정신적인 것을 열심히 하면 현실적인 수입도 늘어난다는 것입니다.

나의 스승 가운데 도미타 츠네오 교수는 게이오대학의 교수가 되기 전에 도쿄여자의과대학에서 교편을 잡고 있었습니다. 전쟁이 끝난 지 얼마 되지 않았을 때여서 기초 의학 연구직은 생활하기도 어려울 정도의 박봉을 받았습니다. 당시의 학장에게 상담을 청해 무언가 임상과 관련되는 일이라도 하고 싶다고 밝히자 학장은 "지금 하고 있는 일에 전념하게. 그러면 자연히 돈은 따라오네."라고 말씀하셨다고 합니다.

무몬 스님은 "나는 두 개의 눈으로 세상을 보고 있지만 세상은 몇만, 몇십만 개의 눈으로 나를 보고 있다."라고 말씀하셨습니다. 즉, 세상은 열심히 목적을 이루기 위해 전념하고 있는 사람을 간과하지 않는다는 의미입니다. 일시적으로는 세속적인 부를 포기한 것처럼 보이지만 그 수십 배에 달하는 가치가 돌아온다는 것입니다.

일을 하면서 목적을 위해 노력할 때에는 곁눈질을 하지 않고 전진하는 것이 중요합니다. 하지만 일상에서는 '무재의 칠시'를 잊지 않는, 즉 마음을 닦는 행위를 잊지 않는 자세가 중요합니다. 이런 노력 없이 타인으로부터 높은 평가를 받는 것을 바라는 사람도 있지만, 그렇게 해서는 좋은 평가를 얻을 수 없습니다. 사람들의 눈길이 미치지 않는 곳에서 무엇을 하고 있는지가 중요합니다.

해가 떠도 해가 저물어도 오늘이라는
하루가 있을 뿐이다

— 키타야마 쥬안[北山壽安] : 에도 시대의 의사

키타야마 쥬안은 에도 시대의 의사로 〈하루살이의 글〉을 남겼습니다. 조금 길지만 인용해 보겠습니다.

"하루살이 인생이라는 것을 각오해 정신을 지극히 건전히 기르는 방법을 얻게 되었다. 왜냐하면 하루는 한 달의 시작이요, 천세 만세의 시작이므로 하루를 잘 보내는 방법을 익히면 생애를 보내는 것도 어려움이 없다. 그 하루를 사는 정도의 노력을 하면 그날은 지나간다. 내일은 이렇게 저렇게 하겠다고 해도, 또한 상대할 일 없음을 괴로워하며, 게다가 내일에 압도되어 오늘 게을러지기 십상이다.

그러다 내일이 되면 또 그 내일의 궁리를 하니, 모든 것을 미루어 오늘은 없다고 여기는 까닭에 언제나 기운을 멀리 소비하고 정신을 피로하게 만든다. 내일의 일이 목숨보다도 미덥지 못하다 해도 오늘의 일을 허술하게 해서는 안 되리라. 오늘 하루를 충실히 살아야 한다. 어떠한 괴로움이 있더라도 오늘 하루뿐이라고 생각하면 견딜 수 있다. 하루하루라고 생각한다면 따분해지는 일 없으리라. 일생이 긴 듯 느껴지지만 나중의 일, 곧 내일 일이나 1년, 아니 100년의 일은 아무도 알 수 없다. 해가 떠도 해가 저물어도 오늘이라는 하루가 있을 뿐이다.”

우리들의 정신을 가장 소모시키는 것은 미리 걱정하는 일입니다. 아직 일어나지도 않은 일을 생각하고 걱정해도 아무런 해결도 나지 않습니다. 단지 걱정만이 항상 머리를 지배하고 있을 뿐입니다. 예수님도 말씀하셨듯이 ‘하루의 고생은 하루로 족한’ 것입니다. 오늘 하루 고생해 이루어낸 일을 보고 ‘내일도 모레도 같은 짓을 할 것인가?’ 라고 생각하면 그것만으로도 정신이 아찔해집니다.

등산을 할 때는 “앞도 보지 말고 뒤도 보지 말고 단지 발끝을 보고 걸어라.” 라고 하는데, 정말 그렇습니다.

오래된 시에 “부지런히 걸으면 천리의 끝도 보인다. 소걸음으로 천천히 걸어도” 라는 구절이 있습니다. 소처럼 천천히 걸어도 착실히 앞으로 나아가면 천리 끝에 있는 목적지도 도착할 수 있다는 의미입니다. 매일의 실적은 미미해도 그것을 계속하면 어느새 최후의 목적지에 도달해 있는 것입니다.

나는 좌선을 할 때 항상 쥬안의 말을 떠올립니다. 좌선을 시작한 초창기에는 향에 불을 붙이며 '이제부터 40분이나 앉아있을 텐데 또 발이 아프고 괴로울까. 이 짓을 매일 해야 하나?' 라는 생각을 가질 때도 있었습니다. 그런 기분으로 향이 다 타기를 기다리면 시간이 굉장히 길게 느껴집니다.

그런데 아무 생각도 하지 않고 좌선을 하고 있으면 어느새 향이 거의 다 타 없어져 '아! 벌써 이렇게 시간이 지났나!' 라며 놀라곤 합니다. 좌선에 전념하는 행위는 일상의 업무, 수련에 전념하는 것과 마찬가지입니다. 이것저것 따지다 보면 시작하기가 귀찮아 집니다. 어쨌든 시작해 버리고, 시작했다면 시간 같은 것은 생각하지 말고 끝까지 목전의 일에만 전념하는 이것이 바로 노력이 결실을 맺는 비결입니다.

매일 한 장씩 썼을 뿐

– 야마오카 텟슈[山岡鐵舟] : 막부 말기~메이지의 정치가

야마오카 텟슈는 서書, 검劍, 선禪의 분야에서 심오한 경지에 이른 사람입니다. 특히 글씨를 빠르게 쓰는 솜씨는 보는 사람의 경탄을 자아냈다고 합니다.

만년에 위암을 앓던 텟슈는 의사의 권유를 받아들여 두 달 후 절필을 한다고 선언했습니다. 그리고 그 사이에 3만 장의 글을 썼다고 기록되어 있습니다. 이후에는 자신이 창건한 젠쇼안全生庵에서 의뢰를 받았을 때만 붓을 들었는데, 그 양이 8개월 동안 10만 1,380매에 이르렀다고 합니다. 또 다음해 7월 세상을 떴는데 놀랍게도 그해 3월부터 7월까지 병상에서 쓴 부채가 4만 개였다고 합니다.

너무 과하게 써서일까요, 텟슈가 쓴 글의 가격은 막부 말기의

'삼슈三舟' 라고 일컬어지던 카츠 카이슈勝海舟, 타카하시 테슈高橋泥舟의 글에 비해 현재에는 가격이 조금 낮습니다. 당시에도 그랬었는지 어떤 사람이 텟슈에게 "선생님처럼 손쉽게 휘호를 쓰면 카이슈나 테슈에 비해 글의 값이 떨어집니다. 조금 자중하시는 게 좋겠습니다." 라고 충고했습니다. 그러자 텟슈는 태연하게 "나 같은 사람에게 부탁하는데 거절하는 것은 예의가 아니라서 쓰는 것입니다. 글을 팔려고 하는 것은 아니니 가격이 어떻게 되든 내 알 바 아닙니다." 라고 말했다고 합니다.

또 다른 이가 "지금까지 쓰신 휘호가 아주 많겠습니다?" 라고 물으니 "그렇지도 않네. 아직 3,500만 장은 안 되네." 라며 웃었다고 합니다. 3,500만이라는 수는 당시 일본의 인구이므로 국민 한 사람당 한 장씩 돌아갈 정도는 아니라는 농담입니다.

1886년 무렵부터 《대장경》의 필사를 발원해 텟슈는 조죠지增上寺의 《조선판 대장경》을 빌려 매일 새벽 2시경까지 경전을 베꼈습니다.

어느 날 제자가 "선생님, 선생님께서 100세까지 사신다고 해도 대장경을 완성하시기는 어렵습니다." 라고 말하자 텟슈는 "무슨 소리. 이걸 끝내면 이번엔 초서로 또 한 번 쓸 예정이네." 라고 답했다고 합니다. 제자는 텟슈가 허풍을 떨고 있다고 생각하고는 웃음을 흘리자 텟슈는 벌컥 화를 내며 "나는 죽은 것도 아니고 살아 있는 것도 아니다. 이 껍질이 낡으면 새것으로 바꾸어 입고, 바꾸어 입으면 다시 쓰면 되니, 대장경을 한두 번 쓰는 일이 무슨 대수이겠느냐!" 라며 야단쳤다고 합니다.

텟슈의 이복형제인 오노 고후小野古風가 "대장경을 베껴 쓰는 일은 보통 일이 아니겠군요?"라고 말하니 "뭘, 그저 매일 한 장씩 쓴다고 생각하고 있으니 번거롭지는 않다."라고 답했다고 합니다. 결국 텟슈는《대장경》전 126권을 필사했습니다. 텟슈가 죽은 후 그 필사본은 덴쇼안에 남겨졌지만, 1894년의 화재로 소실되고 말았습니다.

세상을 뜨기 전날의 오후 1시경, 때마침 8월의 무더위 속에서 더구나 병세가 위독한 몸으로 텟슈는 붓을 쥐고 일과인 경전 필사에 임했습니다. 더위와 병고로 이마에서 흐르는 비지땀을 훔치면서 쓰고 있었는데 두 방울의 땀이 종이 위에 떨어졌습니다. 겨우 반 장 정도 썼는데 의사인 제자가 "선생님, 반 장도 한 장이나 마찬가지이니 이제 그만 두시지요." 라고 하자 텟슈는 "음, 그런가!" 라며 고분고분 붓을 놓았는데 그것이 절필이 되었습니다.

텟슈는 숨을 거둘 때에 좌탈坐脫이라는 좌선하는 모습 그대로 세상을 떠났습니다. 제자가 묘사한 그림도 남아 있습니다. 보통 사람이라면 붓을 쥐기는커녕 앉기도 어려운 죽음의 순간에 '사경寫經'을 했다는 것은 놀랄만한 일입니다.

게으른 나는 매일 밤의 좌선과 독경을 소홀히 할 때가 가끔 있습니다. 그럴 때마다 항상 '매일 한 장씩 쓰는 것뿐' 이라고 마음먹고 있다는 텟슈의 말씀을 떠올리며 분발하여 수행에 임하고 있습니다. 이 글을 쓰면서도 텟슈의 마음을 생각하니 몸이 긴장됩니다.

마음을 닦는 행위는 조금씩이라도 매일 수행을 거르지 않는 자세가 필요합니다. 나는 행하지 않고 불교를 이해할 수 없다고 생각합니다. 반드시 독경, 사경, 좌선 등을 계속 해야 한다고 믿고 있습니다. 하지만 육신을 가진 인간이므로 '오늘 하루, 지금 한 번 정도 하지 않는다고 특별히 나쁠 건 없어. 하루 정도 늦어지는 것을 긴 인생에서 본다면 별일도 아니야.' 이런 이유를 붙여 게으름을 피우고 싶은 날도 있습니다. 하지만 그 '하루도 거르지 않는' 것이 중요합니다.

"오늘뿐으로 내일이 없다. 오직 오늘 한다고 생각할 뿐이다."라는 말씀은 나태한 마음을 질타하는 힘이 있습니다. 오늘 하루, 지금 한 번은 두 번 다시 돌아오지 않는 하루, 한 번인 것입니다. 그 공덕이란 헤아릴 수 없습니다.

하루의 행지行持가 바로 모든 부처의 씨앗

– 도겐선사[道元禪師] : 가마쿠라 시대의 선승, 일본 조동종의 개조

조동종曹洞宗의 일본 개조인 도겐선사는 행지매일의 행위나 일상생활을 포함한 좌선과 독경 등의 수행를 특히 중요하게 여기고, 매일의 행지야말로 본래의 부처가 되는 바탕이라고 말하고 있습니다. 도겐선사의 《정법안장正法眼藏》을 재구성한 《수증의修証義》에는 다음과 같은 글이 있습니다.

"하루하루 생명을 등한히 하지 않고 나에게 낭비되지 않도록 행해야 한다. 세월은 화살보다도 빠르고, 목숨은 이슬보다도 위태롭다."

게다가 가령 100년의 세월을 일상의 번뇌 속에 살아간다 해도 "그중에서 하루의 행지를 행한다면 일생 100세를 행지한 것뿐만 아니라 100가지의 다른 생을 취하게 된다." 즉, 하루를 진지하게

수행에 쓰면 100년을 쓴 것과 같은 공덕이 있을 뿐만 아니라 내세의 100년분의 공덕도 얻을 수 있다고 말씀하고 계십니다.

이 말씀은 인과가 뺄셈, 덧셈은 아니라는 이야기와 관계가 있습니다. 앞에서 '만약 진심으로 1만 원의 정신적 빚을 갚으면 그 반환되는 금액, 즉 업의 예금은 100만 원도 그 이상도 된다' 고 말씀드렸습니다. 수행에도 마찬가지입니다. 진심 어린 수행, 오늘은 왠지 하기 싫다는 게으름을 떨쳐버리고 하는 수행, 이런 수행의 공덕은 단지 꾸준히 수행하는 것보다도 훨씬 의미 있는 일입니다. 만약 수행의 공덕을 계단으로 예를 든다면, 진심 어린 수행에 의해 올라가는 하나의 계단은 평범한 수행의 몇만 계단 분량에 필적하는 것입니다. 나는 이렇게 생각하고 매일의 노력을 게을리하지 않고 있습니다.

물론 모든 날이 중요하지만 나태를 억제한 노력은 또 각별한 효과를 가져옵니다. 운이라고 하는 면에서 본다면, 운세는 예상 이상으로 호전됩니다. 또, 수행의 효과로 깨달음의 길에 오르는 것을 생각하면, 이 하루의 노력은 우리들의 마음 상태를 높이고 깨달음에 더욱 근접할 수 있는 것입니다.

선에서는 "형태가 변하면 마음이 변한다. 마음이 변하면 모든 것이 좋아진다." 혹은 "밖이 변하면 안이 변한다. 안이 변하면 모든 것이 변한다." 라고 합니다.

나는 해를 거듭할수록 인격이나 그 사람의 마음이 운세에 결정적인 영향을 준다는 것을 통감하고 있습니다. 다른 사람을 만나서 좋은 인상을 주면 그 사람은 어떤 기회에 그 감명을 다른 사람에게 전하고, 이것이 새로운 일을 가져오는 계기가 되곤 합니다.

강연 의뢰나 TV, 라디오 출연을 결정짓는 요인은, 말하는 내용과 내가 풍기는 분위기, 자기 주위를 떠도는 공기라고 생각합니다. 마음 상태가 이런 분위기를 결정합니다.

야마오카 텟슈를 만난 사람은 어쨌든 기분이 좋아져 밤중이 되어도 돌아가려 하지 않았다고 합니다. 이런 일은 나도 가끔 느끼고 있습니다. 실력 있는 사람이 회합에 참가하면 왠지 모르게 모임이 활기를 띠게 되는 것을 많은 분들이 느끼실 겁니다. 그 사람의 발언이 있든 없든 그 존재가 모임을 변화시킵니다.

만약 이런 힘이 천성적인 것으로 일종의 재능이라면 재능이 없는 사람에게 길이 열릴 가능성은 없다고 봐야겠지요. 하지만 실제는 그렇지가 않습니다. 마음을 바꾸면 분위기가 바뀌고, 분위기가 바뀌면 주는 인상이 변합니다. 그것이 운을 다른 방향으로 인도합니다. 그런 변화를 가능하게 만드는 것이 매일의 수행입니다. 나의 경우에는 좌선, 독경이라고 말할 수 있겠습니다.

물론 매일 한 걸음씩 자신을 높이는 수밖에 없습니다. 하지만 이것은 실제의 산을 오르는 것과는 다릅니다. 한 걸음은 한 걸음, 한 계단은 한 계단에 지나지 않는 것이 아닙니다. 괴로움을 참고 한 걸음을 내딛으면 그 공덕, 효과는 단지 한 걸음을 훨씬 넘어선다고 도겐선사는 말씀하고 있는 것입니다.

일본 임제종을 중흥시킨 하쿠인선사는 좌선의 공덕을 칭송하며 "한 번 앉는 공을 짓는 사람도 거듭 쌓아 무량한 죄를 멸한다."라고 말씀하셨습니다. 이것도 마찬가지입니다. 성의껏 좌선을 한 번 하는 것만으로 모든 빚을 갚는 일도 있다고 말씀하시는 것입니다.

물론, 공덕을 얻고자 노력하는 것은 옳은 방법이 아니라고 여기는 고상한 분도 계시겠지요. 하지만 하쿠인선사처럼 뛰어난 분도 방편으로써 공덕을 설명하셨습니다. 점점 마음이 순응해 가면 스스로 방편 같은 것은 생각하지 않아도 노력하게 되지만, 우선은 수행의 공덕을 실감하면서 하루하루를 보내는 것이 중요하다고 생각합니다.

수행을 계속하면 마음가짐이 변합니다. 그러면 얼굴 모습, 목소리, 행동 양식이 변합니다. 그것도 상대에게 기분 좋게 받아들여지도록 변하는 것입니다. 그 결과, 일이 잘 풀리게 되는 일이 일어나는 것입니다. 이전에는 거절당했던 일들이 채택되어 뜻을 성취하게 됩니다. 실로 기적이라고 밖에 말할 수 없습니다.

• 평상심은 결과에 지나지 않는다

평상심시도 平常心是道

– 《무문관》: 중국 송나라 때의 고승 무문혜개(無門慧開)가 공안집

《무문관》의 제19칙에 있는 말씀으로 중국 당나라 때의 고승 조주화상이 그 스승인 남천화상에게 여쭌 질문의 답입니다.

조주화상은 "도라는 것은 어떤 것입니까?"라고 물었습니다. 이에 대해 남천화상은 "평상심시도 平常心是道"라고 대답하셨습니다. '평상심이 도'라는 뜻입니다. 그래서 조주화상은 "어떻게 하면 도에서 벗어나는 일이 없이 전진할 수 있을까요?"라고 물었습니다. 그러자 남천화상은 "도를 생각하고 이렇게 하면 바른 길을 갈 수 있을까, 이쪽이 바르고 저쪽은 그를까 생각하면 도를 잃고 만다."라고 답하셨습니다. 조주화상이 "그렇지만 생각 없이는 어느 쪽이 옳은지 그른지 모르지 않습니까?" 하고 끈질기게 물었습니다. 그러자 남천화상은 "도는 무의식적으로 아는 것

도 의식적으로 아는 것도 아니다. 이것은 인간이 만든 것도 신이 만든 것도 아니다. 이것저것 생각하지 말고 진정한 마음이 이끄는 데로 생활하면 그것이 도다.”라고 말씀하셨습니다.

즉, 현재 하고 있는 일을 꾸준히 계속하는 것이 중요할 뿐, 달리 무언가가 있지는 않다는 것입니다. 다른 고승의 에피소드도 있습니다. 어느 수행자가 “불교는 무엇인가? 즉, 깨달음으로 향하는 길은 어디에 있는 것인가?” 라고 묻자 고승은 우연히 걸레질을 하고 있던 다른 수행자 쪽으로 눈길을 돌리며 “마루 틈도 열심히 닦아라.” 라고 말했다고 합니다. 하루하루의 생활^{수행} 속에 바로 깨달음의 길이 있다는 이야기입니다.

운동선수에게 마음가짐을 물으면 ‘평상심’ 이라고 답합니다. 결코 틀린 답은 아니지만, 평상심을 ‘바람과 파도도 일지 않는, 초조함도 불안도 없는 마음’ 이라고 해석한다면 수행자에게는 참고가 되지 않습니다. ‘그렇다면 어떻게 해야 그런 마음을 가지게 되는 것인가. 감정을 억제해야 하나, 생각을 말아야 하나?’ 라고 생각하게 됩니다. 혹은 뛰어난 선수는 특별해서, 그들만이 평상심을 가질 수 있다고 생각하는 사람도 있을 것입니다.

남천화상과 조주화상의 대화의 본질은 그런 것이 아니라 ‘지금 하고 있는 일, 그것에 전념하라. 거기에 불교의 본질도 있고 깨달음도 있다’ 는 점입니다. 그것을 계속하고 있으면 점점 마음이 닦여지고, 일에 임할 때 동요하는 일이 없어진다고 생각됩니다. 하지만 그것은 어디까지나 결과이고, 지금 주어진 일, 해야 하는 일에 정성을 쏟는 거기에 대도가 있고 사람이 행해야 할 길이 있다고 말하고 있는 것입니다.

일본에서는 여러 가지 수행, 배움, 취미 등에 '도道'라는 말이 붙어있습니다. 불교 그 자체도 불도라고 말합니다. 불교 수행이라고 하기보다 불도 수행이라고 말하는 쪽이 왠지 모르게 목적으로 통하는 방향이 제시되어 있는 듯한 기분이 듭니다.

다도茶道, 화도華道, 서도書道, 무도武道, 신도神道 등도 모두 '도' 입니다. 이런 사고방식은 서구에는 없는 듯합니다. 펜싱을 예로 들어볼까요. 서구의 선수는 열심히 노력해서 실력을 쌓는 것을 목표로 삼겠지만, 그로써 마음을 닦는다는 생각은 하지 않는 것 같습니다. 한편 펜싱과 비슷하게 적을 베고 쓰러뜨리는 것이 목적이었던 검술은 '검도' 라고 하여 '검으로써 도를 구함' 을 목적으로 합니다.

그렇다면 '이 길은 어떻게 하면 궁구할 수 있는 것일까, 어떤 마음가짐을 가져야 할까?' 라는 의문이 생깁니다. 이 질문에 남천화상은 "평상심이다." 라고 답했습니다. 즉, 다도든 화도든 서도든 무도든 날마다 노력을 열심히 할 것, 그것이 도를 궁구하는 방법이라고 말하고 있는 것입니다. '마음을 흐트러뜨리지 않는 것이 도' 라는 의미가 아닙니다.

이것은 매우 중요합니다. 시합에 임할 때 마음을 흐트러뜨리지 않는 일이 중요하다는 것은 모두 알고 있겠지요. 그러므로 '마음을 흐트러뜨리지 않는 자세가 중요하다' 라는 식으로 해석되기도 합니다. 하지만 마음이 흔들리지 않는 것은 수행의 결과입니다. 여기에서는 어떻게 하면 도를 궁구할 수 있는가에 대해 묻고 있는 것입니다.

중요한 것은 지금의 목적에 전념하는 것입니다. 처음부터 '마음을 흐트러뜨리지 않겠다' 고 생각하고 있으면 향상의 의욕은 높아지지 않습니다. 필사적으로 하고, 그 결과 '마음이 흔들리지 않는 심경' 을 얻을 수 있는 것입니다.

하쿠인선사도 선에 뜻을 둔 수행자에게 "마치 사람 좋은 듯한 느낌으로 멍하니 앉아있을 것이라면 노름판에서 노름이나 하는 편이 나을 것이다. 온몸이 불덩어리인양 앉아라." 라고 말씀하셨습니다. 검도를 궁구하려고 선을 시작한 오오모리 소겐大森曹玄 스님은 "강한 활의 현을 세게 당기면 화살이 멀리 날아가는 것처럼 힘써 좌선함으로써 깨달음에 도달할 수 있다." 라고 말씀하셨습니다. 그러므로 마음이 동요하지 않는 것이 평상심이라고 생각하는 것은 착각으로, 수행의 결과로 마음이 움직이지 않는 사람이 될 수 있다는 것을 '평상심시도平常心是道' 라는 말로 나타내고 있는 것입니다.

내가 있다는 집착에서 온갖 미혹이 일어난다

— 아사히나 소겐[朝比奈宗原] : 임제종 엔가쿠지[圓覺寺]파(가마쿠라) 관장, 1979년 입적

아사히나 소겐 스님은 가마쿠라 엔가쿠지파의 관장을 지내신 분으로 1950년대에 도쿄 유지마의 린쇼인에서 자주 《벽암록》을 제창 고승이 제자들에게 강화하는 일 하셨습니다.

불교에서는 "나라고 하는 것은 본래 존재하지 않는다. 그것을 존재한다고 생각하므로 헤매는 것이다." 라고 합니다. '하지만 존재하지 않는다 해도 배가 고프거나 아픔을 느끼는 내가 있지 않은가! 그것을 존재하지 않는다고 하는 것은 궤변이 아닌가?' 라는 반발이 생길 수도 있습니다.

물론 우리들은 감정도 있고 욕망도 있고 '나' 라는 생각도 존재합니다. 하지만 그것은 임시의 상태로 우주로부터 빌려왔을 뿐이라는 것입니다. 이는 논의한들 공론이 되어 버리고 마는 법

이기에 이 정도로 해 두지만, 본래 나의 것이란 무엇 하나 없고 죽으면 모든 것은 사라진다고 말하면 이해가 쉬울지도 모릅니다.

이렇게 나의 것이 아닌 것을 내 것이라 생각하는 이유를 불교에서는 '12인연법' 이라는 원리로 설명합니다. 이것은 무명無明에서 시작하여 12번째의 노사老死로 끝나는 생명의 흐름입니다.

이에 따르면, 우리들은 '무명' 이라 불리는 근본적 무지에 의해 맹목적인 남녀 관계를 가지고(행行), 그 결과 '식識' 이라는 개인이 성립합니다. '명색名色:정신과 육체' 이 생기고 오감과 의식(육입六入)이 생깁니다. 생후 점점 외계와 접촉하여(촉觸), 외계의 모든 힘을 받아들이며(수受), '애愛' 라고 말합니다만 사물에 집착하고, 이것을 획득하고자 합니다(취取). 그리고 소유감을 가지는데(유有), 그 결과 '생生' 이라고 하는 생존의 자각에 들어갑니다. 하지만 '노사老死' 가 와서 결국 무로 돌아가게 되는 것입니다.

물론, 자신을 생존케 하려는 본능이 있기에 삶을 이어가고, 사물을 소유하려 하기에 지위, 명예, 금전 등을 얻어 즐거운 생활을 할 수 있지만, 이것은 일시적인 것이므로 언젠가는 돌려주어야 하니, 그것은 곧 죽는 때입니다.

소유하는 기분이 강하면 강할수록 그것을 돌려줄 때는 비탄에 빠지게 됩니다. 한편, 소유하는 기분이 약하다면 생존 경쟁에서 이길 수 없으니 이것도 불행의 원인이 됩니다. 그럼 어떻게 하면 좋을까요?

우리들은 더욱 좋은 생활을 하려고 노력합니다. 그 점에 문제는 없습니다. 하지만 동시에 '이 행복은 일시적인 것으로, 언젠가는 돌려줘야 할 시기가 온다' 고 자각하고 있는 것이 중요합니다.

도요토미 히데요시는 세상을 떠날 때에 "이슬로 지고 이슬로 사라지는 내 몸이로다. 나니와오사카 지방의 옛 이름 *역자 주의 일은 꿈속의 꿈이네." 라는 시를 남겼습니다. 확실히 부와 지위, 권력도 모두가 사라지는 것입니다. 도겐선사는 "국왕, 대신, 노복, 처자, 진귀한 보물 없이 혼자서 황천으로 향해 갈 뿐이다." 라고 하고, 더구나 "나를 좇아가는 것은 다만 선악에 대한 업뿐이다." 라고 말했습니다.

우리들이 죽으면 남는 것은 선악을 기록한 업의 예금통장뿐입니다. 만약 선업의 예금이 많으면 다시 인간으로 태어날 수 있다고 불교는 가르치고 있습니다.

이처럼 나라는 실체가 없는데도 소유하고 있다고 오해하고 여러 가지 것을 욕심내지만, 그것을 얻지 못하기에 괴로워하고 고민하는 본질이 있는 것입니다. 그 집착을 줄이고 만일 원하는 것을 얻지 못했을 때에도 '얻지 못해도 얻어도 자신의 가치와는 무관계하다.' , '원하는 것을 얻지 못한 것은 지위가 낮아서라든가 실력이 없어서라고 자기비판을 하는 것은 잘못된 일이다.' 라고 생각할 수 있다면 고민은 엷어집니다.

본래 나에게 속해 있지 않은 것을 얻고자 하는 경우, 얻을 수 있어도 괜찮고 얻지 못해도 괜찮다는 사고방식이 우리들을 아귀의 생각에서 구해 줍니다.

가지고 싶다든가 넘치도록 누리고 싶다는 욕망에 흔들리지 않고 아무튼 지금 주어진 일을 실행하는 것에 바로 안심입명安心立命의 근거가 있습니다. 또, 그런 마음가짐을 가지는 것이 자기를 닦고 마음을 정화하는 방법입니다.

같은 의미로 야마다 무몬 스님은 "원하는 것이 있으면 모두 괴롭다."라고 말씀하셨습니다. 원하는 것 자체에는 괴로움이 없습니다. 뭔가 목적을 위해 필사적으로 노력하는 것은 기쁨이 따릅니다. 하지만 원해도 손에 넣을 수 없고 결과가 좋지 않아 고민하는 데에서 괴로움이 생깁니다. 이 말씀은 앞에서 든 "집착에서 모든 미혹이 생긴다."라는 말씀과 함께 구해도 결과를 얻지 못하는 것을 나타내고 있습니다. 이것은 앞에서 말한 '결과로서의 평상심'과도 통하는 바입니다.

인간으로 태어나는 것은 손톱 위의 흙만큼 어렵다

– 석가모니 부처님

어느 날 부처님은 제자인 아난을 데리고 길을 걷고 계셨습니다. 그러다 갑자기 땅의 흙을 집어 엄지손가락의 위에 얹고 아난에게 물으셨습니다.

"아난아, 이 손톱 위의 흙과 땅의 흙 중 어느 쪽이 많다고 생각하느냐?"

아난이 "땅의 흙이 많습니다." 라고 답하자 부처님은 "그러하느니라. 무릇 이 세상 속에서 생명을 가지고 태어나는 것은 이 땅의 흙만큼 많지만 인간으로 태어나는 자는 이 손톱 위의 흙 정도이니라. 그러니 인간의 생명을 소중하게 여기고 그 소중한 의의를 성실하게 해야 하느니라." 라고 말씀하셨습니다.

불교에서는 우리들이 죽으면 육체가 소멸되고 영혼은 사라지고 '업業'만이 남는다고 생각합니다. 업은 이해하기 쉽게 말하면 우주를 떠돕니다. 그리고 자신과 같은 업을 가진 부부를 발견해 그들이 합체하면 그 수정란에 들어가 새로운 생명을 얻습니다. 여기에서 비로소 새로운 생명이 만들어 지는 것입니다. 부부가 되는 남녀의 업은 비슷합니다. 그러므로 만나게 되는 것입니다. 하지만 이 생명이 인간으로서 태어나는 것도 쉽지는 않습니다. 부채가 너무 많은 업이라면 짐승이나 벌레가 되고 맙니다. 또 비슷한 업을 가진 사람을 발견하지 못하고 이른바 인연 없는 혼으로 우주를 떠돌아다니는 업도 많습니다.

이렇게 사람으로서 생명을 얻는 것은 정말로 행운이라고 할 수밖에 없습니다. 하지만 이 세상도 행복으로 가득 차 있는 것만은 아닙니다. 갖가지 경우를 겪습니다. 그중에서도 가장 행복한 경우는 위대한 부처의 가르침을 아는 것입니다. 《개경게開經偈》에는 다음과 같은 내용이 있습니다.

위 없는 깊고 깊은 미묘한 법
백천만겁 오랜 세월이라도 만나기 어렵네.
내가 지금 보고 듣고 얻어 받아 가졌으니
원컨대 여래의 진실한 뜻 알게 하소서.

'백천만겁' 의 '겁' 은 한 변이 사십 리약 160Km의 바위를 3년에 1 번 천녀가 내려와 날개옷으로 스쳐 바위가 닳아서 없어질 때까 지의 시간이라고 합니다. 날개옷으로 스쳐 닳는 바위의 양은 제 로에 가깝겠지요. 그 바위가 없어지는 시간이니 무한의 의미입 니다. 그 겁을 백천만 회 되풀이해도 부처님의 가르침은 들을 수 없는 것이다, 그런 것을 경전의 가르침 덕분에 우리들이 지금 들 을 수 있다는 의미입니다.

츠지 소우메이辻雙明 스님은 "이런 말을 과장이라고 생각하는 사람은 아직 불교의 본질을 모르고 있다." 라고 말씀하셨습니다. 그 정도로 불교의 가르침을 만나는 일은 어려운 것입니다. 그것 을 지금 사람으로 태어나는 행운을 입었고, 거기다가 부처님의 가르침을 알 수 있으니, 얼마나 행복한 일인가 하고 이 경은 설 명하고 있으며, 츠지 스님처럼 선의 본질을 체득하신 분은 이 말 씀의 진실에 감명을 받고 계신 것입니다.

나는 인간으로 태어나서 불교의 가르침을 아는 행복을 누리 는 사람이라는 것에 감사할 뿐만 아니라 좌선을 할 수 있고 경을 읽을 수 있어서 얼마나 행복한가 하고 통감하고 있습니다.

우리들은 자칫하면 인생의 괴로움에만 눈을 빼앗기기 쉬운 존재입니다. 또 인생의 불공평을 한탄하기 쉬운 존재입니다. 중 국 임제종의 개조 임제선사는 "볼 수 있는 눈을 가지고, 들을 수 있는 귀를 가지고, 움직일 수 있는 손발을 가지고 있거늘 더 무엇이 불만인가?" 라고 말씀하셨습니다.

신체가 건강한 것만으로도 대단한 행복입니다. 하지만 몸과 마음에 문제가 있어도 불법의 가르침을 듣고 마음의 안심을 얻을 수 있다면 더한 행복을 느낄 수 있습니다.

나는 불교의 가르침은 보편적이며 마음과 몸에 장애가 있는 사람도 포함해서 모든 사람에게 적합하다고 생각합니다. 만약 '나는 예외로 이런 말씀이 들어맞지 않는다' 라고 생각하는 사람이 있다면 불교의 가르침을 이해하지 못하기 때문입니다.

내가 가지고 있는 나쁜 점만을 주시하는 태도를 그만두도록 합시다. 복 받은 점을 열거하고 감사합시다. 그 첫 번째는 사람으로서 태어날 수 있었던 것이 아닐까요? 이 이상의 행운은 없습니다. 이에 비한다면 재산, 지위, 미추美醜 등은 정말 아주 사소한 것에 지나지 않습니다. 이처럼 생각하고 자신과 부처님께 감사합시다.

제 3 장

재능 부족을 통감한다면

열심히 노력하는 모습은 사람의 마음을 움직입니다.
뭔가 도와줘야겠다는 마음을 불러일으킵니다.
노력하는 자세를 보고 그 사람의 소질을 발탁하여
어드바이스를 하는 사람이 나오는 것입니다.
어디에서 어떤 사람이 나타나 어떤 길을 제시해 줄지 모릅니다.
하지만 포기하는 사람을 도와주지는 않습니다.

정진하면 일에 어려움은 없다

— 《불유교경(佛遺敎經)》 : 부처님께서 최후에 설하신 경전

부처님이 입멸에 즈음하여 제자들에게 내보인 최후의 유계입니다.

"그대 비구들이여! 만약 근면하게 정진하면 일에 어려움은 없느니라. 그러므로 그대들은 열심히 정진해야 한다. 설령 작은 물이라도 항상 흐르면 바위도 뚫을 것이다. 만약 수행자의 마음이 거듭해서 게으르고 무너진다면, 예를 들어 불을 피우는데 아직 열기조차 없는데 나무 비비기를 중단한다면 불을 얻겠다고 욕심을 낼지라도 불을 얻기가 어려울 것이다. 쉼없는 이것을 정진이라 하느니라."

불을 지핀다는 것은 곧 발화시키는 것으로, 고대에는 나무 막대기를 판자에 대고 비비듯이 격하게 돌리고 마찰시켜 발화시켰

습니다. 그때 한 번에 마찰하지 않고 도중에 그만 두면 몇 번을 되풀이해도 불을 얻을 수 없습니다. 약탕관의 물을 데우는 것도 마찬가지로 끓기 전에 불을 끄면 물은 식어, 그것을 몇 번 되풀이해도 물을 끓이기는 어렵습니다. 수행도 마찬가지입니다. 몇 년을 해도 깨닫지 못하는 것은 수행이 나쁜 것이 아니라 도중에서 그만두기 때문입니다. 마지막까지 하면 반드시 깨달음을 얻는다고 부처님은 말씀하셨습니다.

일이 성사되려면 일이 이루어지는 요건이 갖추어져 있어야 합니다. 그 과정에서 여러 가지 방해가 끼어들어 성공을 어렵게 합니다. 노력해도 갖은 문제가 일어나고 어떻게 해도 난국을 헤쳐나갈 수 없는 경우에는 그만 '이젠 틀렸다. 나에게는 능력이 없다' 라고 생각하기 쉽습니다. 하지만 운은 냉혹하다고 할 만큼 엄정합니다. 과거의 악인惡因이 모두 없어지기까지는 결코 길을 열어주지 않습니다.

앞에서 말한 아사히나 소겐 스님도 "이런 엄정함이 있으므로 운은 신용할 수 있는 것이다. 속일 수가 없다. 때가 오기까지 결코 운은 열리지 않는다. 하지만 때가 되면 어떤 방해가 있어도 좋은 일이 차차 일어나고 일이 성취된다." 라고 말씀하셨습니다.

운명에 대해서 "왜 나만 이런 힘든 일을 당하는 것인가! 신이나 부처는 있기는 한 것인가?" 라고 비난해도 운명은 눈 하나 깜짝하지 않습니다. 결코 귀를 기울이지 않습니다. 그리고 때가 되어 당신이 성공할 때에도 다른 사람이 "왜 저 사람만 일이 술술 풀리는 것인가. 뭔가 문제가 생겨 실패했으면 좋겠다."라고 아우성쳐도 마찬가지로 운명은 그 말을 듣지 않습니다.

나 자신의 경우를 봐도 잘 돌아가지 않을 때에는 무엇을 해도 풀리지 않습니다. 다른 사람에게 나의 입장을 설명하려 해도 믿어주지 않습니다. 이젠 어떻게 해도 안 된다며 머리를 감싸고 고민한 적도 여러 차례 있습니다. 하지만 그런 때에는 결코 자신에게 좋은 쪽으로 일이 진전되지 않습니다. 그런데 때가 되면 모든 것이 정돈된 기분이 듭니다. 같은 일을 해도 신용을 받고 주위가 어떤 일을 시작할 수 있도록 준비해 줍니다. 그 결과, 일이 더욱 술술 진행이 되는 것입니다.

재능의 한계인지 때가 아직 무르익지 않은 것인지, 이 점을 잘 살펴볼 필요가 있습니다. '조금만 더 참으면 잘될 텐데'라고 생각되는 사람이 도중에서 포기하는 것을 몇 번이나 보았습니다. 정말로 유감스러운 일입니다.

실은 노력하면 다른 방향으로 길이 열리는 일이 있습니다. 전직 가수였던 제임스 미키는 노래로는 성공하지 못했지만 시나리오 작가로서 대성했습니다. 또한 겐테츠야라는 사람도 가수로서는 성공하지 못했지만 도중에 키타지마 사부로에게서 "가수가 되는 것만이 길은 아니다. 작곡을 해보게."라는 조언을 듣고 작곡을 시작했고, 그 분야에서 대성공을 거두었습니다.

열심히 노력하는 모습은 사람의 마음을 움직입니다. 뭔가 도와줘야겠다는 마음을 불러일으킵니다. 노력하는 자세를 보고 그 사람의 소질을 발탁하여 어드바이스를 하는 사람이 나오는 것입니다. 어디에서 어떤 사람이 나타나 어떤 길을 제시해 줄지 모릅니다. 하지만 포기하는 사람을 도와주지는 않습니다.

내가 알고 있는 명사들은 모두 남들이 모르는 노력을 하고 있습니다. 그 정진이 그들의 오늘을 이룬 것입니다.

나는 '가까운 장래의 운명은 결정되어 있다, 자신이 모를 뿐이다' 라고 생각합니다. 그것은 인과의 법칙으로 결정되어 있는 것인데, 무서운 힘을 가진 인간의 염은 그 법칙을 바꿔 다른 길로 가게 하는 것도 가능합니다. 즉, 자신의 바로 옆에 상상도 하지 못한 새로운 길이 나타날 가능성이 있습니다. 이것을 모르고 지금 하고 있는 일을 그만 둬 버리면 모든 기회를 놓치게 됩니다. 최후의 단계까지 정진을 멈춰서는 안 됩니다. 계속 나아가면 새로운 전개에 맞닥뜨리게 되는 것입니다.

• 곤란한 일은 일어나지 않는다

뭐, 괜찮아! 떨어지면 떠오를 여울도 있으니까

— 후지이 고잔[藤井虎山] : 임제종 붓츠지[佛通寺]파(히로시마) 관장, 1992년 입적

검술의 심오한 경지로 "휘두르는 칼 아래야말로 지옥이다. 몸을 버리면 떠오르는 여울도 있다." 라는 시가 있습니다. 진검 승부의 경우에는 상대방이 휘두르는 검이 나에게 닿으면 목숨은 없습니다. 또, 그 틈을 노려 상대방을 쓰러뜨리지 않으면 안 됩니다. 상대방이 칼을 올려 휘두를 때 틈이 납니다. 그것을 노리고 이쪽에서 칼을 쓰므로 한 순간의 망설임이 치명적입니다. 이때의 마음가짐을 앞의 시는 나타내고 있습니다. '한 순간의 틈에 자신이 베어져도 좋다 생각하고 집중해서 검을 휘두르는 거기에 길이 있다' 는 것이 이 시의 의미입니다. 무사하고자 하는 생각이 반대로 상대에게 틈을 주고 패배로 이어지는 것입니다. 그러므로 만일의 경우는 죽을 지도 모르지만, 죽어도 상관없다

고 생각하는 그 각오가 결국은 목숨을 구한다는 것입니다.

히로시마 붓츠지파의 관장이었던 후지이 고잔 스님의 "뭐, 괜찮아! 떨어지면 떠오를 여울도 있으니까."라는 말씀도 같은 의미인데, 현대의 일상생활을 고려한다면 고잔 스님의 말씀 쪽이 더 설득력이 있습니다. 스님은 대학에서 공부할 만한 경제적인 여유가 없었지만, 히로시마에서 뜻을 품고 도쿄로 올 결심을 하셨습니다. 그때 하신 말씀이 이 글입니다. '이제 끝이라고 생각해도, 그 절망의 순간에 얕은 여울이 있으니 떠오를 수 있지 않은가!' 여기에 승부를 걸겠다는 결의를 나타낸 말씀입니다.

나는 인생의 고비에서 이 결의는 필요하다고 생각합니다. 너무 생각이 많으면 겉돌기만 할 뿐 전혀 진전이 없어서 결국 처음으로 돌아오고 맙니다. 그러지 말고 반드시 길은 열린다고 다짐하며 뛰어드는 것입니다. 그리고 한 번 정했으면 그 이상 생각하지 말아야 합니다. 이래도 괜찮을까 하는 망설임이 생긴다면 "이미 그때에 몇 번이나 생각해서 결정한 것이다. 한 번 더 생각한다고 해도 같은 결과가 된다. 그러므로 생각하지 말자."라고 스스로에게 말하고 앞으로 나가도록 합시다. 욕심이 없는 판단이라면 대부분 이런 결단이 실수가 없습니다.

한계를 돌파하는 방법은 꿰뚫고 나가는 수밖에 없습니다. 몸을 버리고 전진하는 수밖에 없는 것입니다. 그렇지 못하면 한계에서 멈춰버리는 것입니다. 그러니 이 장벽을 돌파한다는 생각으로 임해야 합니다. '만약 진다면' 이라는 생각을 가져서는 안 됩니다.

내가 가지고 있는 세키 세이세츠 스님의 책에는 "철퇴로 쳐부수고 뼈를 온통 꿰뚫는다." 라고 쓰여 있습니다. 이렇게 모든 것을 쳐부수는 의욕 없이는 길을 열리지 않는 것입니다. 두려워해서는 안 됩니다.

나는 이런 결단을 할 때에 언제나 "곤란한 일은 일어나지 않는다." 라는 말을 입에 올립니다. 말에 내재된 영력이 느껴져서 특히 중요하게 여기는 말입니다. 이 말씀은 나에게 자신과 기백을 줍니다. 그리고 나의 결단에 확신을 심어줍니다.

누구나 실패를 반기지 않습니다. 반드시 성공하는 방법이 있으면 그것을 선택하는 것은 당연합니다. 문제는 대부분의 경우에 어떤 방향을 택해야 성공하는지 모른다는 것입니다. 어느 경우에는 실패할 가능성도 높고, 혹시 이게 잘못될 수도 있다고 생각되는 결정을 해야 할 때도 있습니다. 그리고 많은 생각 끝에 이것 밖에는 없다고 생각되면 그때야말로 나의 몸을 버리고 하는 수밖에 없습니다. 그 이외의 방법으로는 떠오를 도랑도 없는 것입니다.

특히 자신의 몸을 버린다, 이것이 중요합니다. 자신을 버리고 가족의 행복을 지킨다는 결의가 없으면 자신의 몸도 가족의 행복도 함께 얻을 수 없는 경우가 있습니다. 양쪽 모두 잘되면 이

것보다 좋은 일은 없겠지요. 하지만 대부분의 경우, 어느 한 가지를 택해야만 합니다. 이때에 자신을 버리는 기분으로 전진하면 결과적으로는 자신도 주위 사람도 살리는 일이 일어납니다.

이런 경험이 나타난 글귀를 소개하겠습니다. 츠지 소우메이 스님의 스승인 후루카와 교도古川堯道의 자서전《선의 길을 걸으며》에 나온 일절입니다.

"……카고 강에 이르니 많은 아이들이 수영에 정신없는 것을 보고 나 역시 땀을 씻어내고자 풍덩하고 뛰어들었다. 그러나 급류에 휩싸이고 말았다. 발을 디딜 곳도 없고 이미 생명은 하늘에 맡겼다. 어떠한 상황도 가정할 수 없었는데 번뜩 정신이 들어 보니 몸이 강의 모래섬에 올려져 있었다. 그때의 괴로움과 기쁨은 지금도 잊을 수 없다."

성공하고 싶어서 아등바등하는 것은 급류에 던져져 허둥거리다가 마지막에는 지치고 마는 것과 마찬가지입니다. '됐다, 어떻게든 되겠지' 하고 몸을 버릴 생각을 하고 있으면 얕은 강을 만나 목숨을 연장할 수 있는 것입니다. 결의를 다지십시오. 자신을 버리는 결의를 가지십시오. 그것만이 자신을 살리는 길입니다.

마을을 남기고 집을 남기지 마라

– 가스미 분쇼[春見文勝] : 임제종 묘신지[妙心寺]파(교토) 관장, 1998년 입적

널리 알려진 선의 말씀인데, 나는 가스미 스님의 문장을 통해 처음 접했습니다. 탁발의 마음가짐을 나타낸 말씀입니다. 탁발은 승려들이 열을 지어 거리를 다니며 각 집 앞에서 요령을 울리고 독경을 하며 보시를 받는 것입니다.

절에서 어느 곳을 탁발할 것인가 정할 때 "어느 마을을 정했다면 그 마을 모든 집에 가서 독경하고 보시를 받도록 하라. 결코 어떤 집에서는 탁발하고 어떤 집은 건너뛰는 일은 하지 마라. 만약 일부의 집을 빼고 그 마을을 돌아야 한다면 그 마을에서 탁발하는 일을 그만 두라." 라고 가르치고 있습니다.

여기에는 여러 가지 의미가 있습니다. 일부의 집만을 돈다면 승려 역시 보시를 할 것 같은 잘사는 집 앞에만 서려고 할 것이

고, 또 승려가 들르지 않은 집의 사람은 우리 집에 보시할 만한 형편이 안 되니까 오지 않는다는 생각을 가질 가능성이 있습니다. 그러므로 마을의 일부를 남기고 탁발하는 일은 없어야 한다고 가르치는 것입니다.

나는 이 가르침에는 탁발이나 선을 넘어선 진리가 있다고 보고 존경하고 있습니다. 나는 현역에 있을 때 많은 국제회의를 주최했습니다. 지금과 달리 정부가 이런 학회의 경비를 대는 일은 전혀 바라지 못할 시대였으므로 제약회사나 관련된 기업에 기부를 의뢰했습니다.

이런 경우에 나는 "만약 학회를 한다면 모든 관련 기업에 기부를 의뢰하자. 만약 그렇게 하지 않으면 모임을 개최하지 않는 편이 좋다."라고 정했습니다.

실제로 학회 행사를 결정한 경우 거의 모든 제약회사와 관련 기업의 사장에게 기부 의뢰 편지를 보냈습니다. 물론 대부분의 사장은 이름도 몰랐고 면식도 없었습니다. 그런데 이상하게도 생각지도 않았던 회사에서 답장을 보내 "우리 회사는 이런 분야에 힘을 쏟고 있으므로 찬조하고 싶다."라며 기부를 하는 일이 있었습니다.

이런 경험으로 '뭔가를 하려면 철저하게 하자. 만약 모든 힘을 쏟지 못할 것 같으면 아예 하지 말자'고 정했습니다. 도중에서 그만 두려면 처음부터 시작하지 않는 편이 좋습니다.

아마 이 탁발의 규정은 오랜 경험에서 만들어진 것일 겁니다. 수많은 시행착오의 결과, 할 것이라면 철저하게 하자는 결론이 나왔다고 생각합니다.

같은 의미의 말씀으로 "풀을 뽑을 때는 단숨에" 라던가 "도랑을 각오하고 건너라." 라는 말이 있습니다. 실제로 잡초를 뽑을 때 마음을 단단히 먹고 뽑지 않으면 도중에서 끊어져 버려 다시 뽑으려고 해도 남은 부분이 짧아 힘이 듭니다. 결국 잡초를 뽑지 못하는 경우도 있습니다. 또, "도랑은 각오하고 건너라." 라는 말도 같은 가르침을 내포하고 있습니다. '건너편에 목적한 장소가 있다면 마음을 먹고 건너라. 아니면 그만 둬라. 어정쩡한 마음으로 건너다간 도랑에 떨어져 다친다.' 이런 가르침입니다.

"할 때는 열심히 해서 후회를 남기지 마라. 도중에서 그만 두는 일은 하지 마라."

이 가르침은 인생에서 가장 중요한 것 중 하나입니다.

• 성공했을 때야말로 조심!

백척간두 갱진일보百尺竿頭 更進一步

— 《무문관》

중국 당나라 때의 공안집 《무문관》에 나오는 "백척간두 갱진일보百尺竿頭 更進一步" 라는 말은 매우 유명합니다. '백 척의 장대 끝에 서서 다시 한 발을 내딛어라' 는 말입니다. 백 척의 장대 끝에서 한 발을 내딛으면 어떻게 되겠습니까? 떨어져 죽습니다. 그럼에도 불구하고 한 발을 내딛는 용기가 있어야 깨달음을 얻을 수 있다는 것입니다. 선에 관심이 있는 사람은 물론, 그렇지 않은 사람도 들어본 적이 있을 것입니다.

또, 야마다 무몬 스님은 "백 척의 간두와 같은 높은 곳에 있어도 바른 눈을 가지고 있지 않으면 잘못 판단할 수 있다. 바른 눈을 가지기 위해서는 자신을 버리고 목숨을 버릴 각오가 필요한 것이다. 그렇지 않으면 그런 인물의 발언은 다른 사람에게 혼돈만 줄 뿐이다. 눈이 보이지 않는 사람이 길을 모르는 사람에게 길 안내를 받고 있는 것과 같은 것이다."라고 시에서 읊고 있습니다.

흔히 "성공하려고 노력하는 사람은 목숨을 걸고 하니 길을 잘못 들지 않는다. 그런데 목적을 달성해 성공하고 나면 실수하는 경우가 있다."라고 합니다. "달도 차면 기운다."라며 만월을 이룬 뒤에는 달도 점점 기울게 되는 예를 들며 한창 때 사치스러워지는 것을 경계하기도 합니다.

한창 전진할 때는 나를 믿고 나의 장래에 실패는 없다고 확신하는 것이 중요합니다. 그런 의지가 없으면 성공은 장담할 수 없습니다. 그런데 성공해서 높은 위치에 오르면 이번에는 신중함이 필요합니다. 독단은 금물입니다.

왜 독단이 위험한가 하면 세상, 사회가 변화하고 있기 때문입니다. 젊을 때는 정보 수집 능력이 있어서 그 능력에 기초해 판단을 내리면 옳은 결과를 얻지만, 나이를 먹으면서 사회는 더욱 복잡하게 되고 새로운 정보를 끊임없이 받아들이지 않으면 시대에 뒤처지게 됩니다. 이런 때에는 솔직하게 전문가의 의견을 들어야 합니다. 그런데 과거에 성공했던 체험이 이것을 방해합니다.

이전에 세이부 철도 그룹의 총수였던 츠츠미 요시아키는 "재계에서 성공한 사람을 보면 나이를 먹으면 의외로 약해진다." 라고 말했습니다. 그런데 같은 일이 그에게도 일어났습니다. 의도했든 아니든 법률을 위반해 실각했던 것입니다.

이런 일은 빈번하게 일어납니다. 성공하고 있을 때, 특히 절정의 시기가 가장 위험합니다. 그런데 성공 체험이 이 자각을 방해하고, 자신은 괜찮을 것이라는 기분을 계속 가지게 하는 것입니다.

"백척간두에서 한 발 내딛으라."

이 말은 장대의 꼭대기에서 더욱 위로 오르라는 말이므로 과감히 몸을 버리고 전진하라고 풀이되고 있습니다. 나는 성공하면 거기에서 내딛는 일보는 이전보다도 더욱 주의해서 나아가라는 의미로 해석하고 있습니다.

《무문관》에는 "큰 역량을 지닌 사람, 왜인지 주저하며 일어나지 않는구나." 라는 공안이 있습니다. 이것은 '위대한 힘을 가지고 있는 사람은 무엇이든 할 수 있는데, 왜 그 힘을 휘두르지 않는 것일까? 라는 물음입니다. 부처님이나 달마대사와 같이 깨달음의 궁극까지 간 사람은 보통 사람은 절대로 할 수 없는 기적을 행할 수 있는데, 왜 그런 힘을 보이지 않는가에 대한 질문이라고도 합니다.

이에 대해 야마모토 겐뽀 스님은 "뛰어나고 위대한 역량을 가지고 있으므로 더욱 몸을 신중히 해야 하는 것이다. 큰 역량을 가진 사람인만큼 처신하는데 조심을 해야 한다. 그렇지 않으면 인간 세계가 바로잡아지지 않으므로 제멋대로 굴어서는 안 된다."라고 말하고 있습니다. 선의 저명한 스님들도 잘못된 행동을 하거나 발언을 해서 실각하는 분이 적지 않습니다. 이것은 시대에도 관계가 있습니다. 옛날의 발언을 지금 들으면 위화감이 드는 경우가 있습니다.

예를 들어 여성 문제에 대해 전쟁 전이나 혹은 메이지 시대 중반에는 남존여비가 보통이었습니다. 야마오카 텟슈도 젊었을 때 "나는 일본, 중국의 기생을 닥치는 대로 섭렵했다."라고 말하기도 했습니다. 지금 이런 말을 들으면 텟슈의 인격을 의심하는 사람도 있을 것입니다.

이처럼 큰 깨달음을 얻어도 그것으로 무엇이든 할 수 있다는 것은 아닙니다. 이런 사람일수록 주의를 해야 합니다. 여기에서 든 말씀은 '백척간두까지 올랐다면 더욱더 세심한 주의를 가지고 살아갈 필요가 있다' 고 깨우치고 있는 것입니다.

성공한 사람일수록 느슨해지는 법입니다. 이것은 종교가도 마찬가지입니다. 오오모리 소겐大森曹玄스님은 "젊을 때 수행에도 힘쓰고 높은 깨달음을 얻었던 고승이 모두에게 애지중지 대접을 받다가 인생을 그르치는 예가 많다." 라고 경고하고 있습니다. 인간의 진보에는 쉼표가 없습니다. 백 척까지 가도 더욱 기분을 다잡아 전진하는 각오가 필요합니다.

돈을 벌지 못하는 장사꾼은 벌을 받아 마땅하다

− 세키 세이세츠[關精拙] : 임제종 텐류지파(교토) 관장, 1945년 입적

어느 날 텐류지의 세키 세이세츠 스님께 손님이 찾아왔습니다. 그 사람은 장사에 실패하고 어떻게 하면 좋을지 스님께 말씀을 들으러 왔다고 했습니다. 스님이 직업을 물으시니 장사를 하고 있는데 잘되지 않았다고 조그만 목소리로 답했습니다. 스님은 "돈을 벌지 못하는 장사꾼은 벌을 받아 마땅하다." 라고 말씀하셨습니다. 손님은 잠시 고개를 숙이고 잠자코 있었는데 그때 '밤메꽃夕顔' 이 꽃을 피우려고 했습니다. 스님은 "저기, 밤메꽃이 피는군요." 라고 그쪽을 가리키자 정말 밤메꽃이 피었습니다. 그러자 손님은 "알았습니다." 라고 인사를 하며 심경을 정리하고 돌아갔다고 합니다. 그 후 그는 대성했다고 합니다.

세키 보꾸오 스님은 이 일화를 소개하며 "장사꾼은 장사를 못

하면 안 된다. 장사꾼은 돈을 버는 것이 선이다. 농사꾼은 좋은 작물을 키우는 것이 선이다. 학생은 열심히 공부를 하는 것이 선이다."라고 쓰셨습니다. 어디까지나 세키 보꾸오 스님다운, 상식에 도전하는 듯한 발언입니다.

이 이야기의 의미를 진실로 깨달은 것은 최근입니다. 고등학교 후배들과 술을 마실 기회가 있었습니다. 그러자 그중 한 사람이 다른 사람과 검도 이야기를 나누기 시작했습니다. 텟슈의 검도 수행 등을 화제로 올렸습니다. 텟슈에 관심이 있는 나는 잠자코 듣고 있었습니다. 그 동안 다른 남자가 선에 대한 이야기를 시작했습니다. 정말 선의 역사에 대해 세세히 알고 있었습니다.

그들은 동창 중에서도 성공한 축에 들지 못한 사람들이었습니다. 하지만 이 화제가 오르자 독무대를 펼쳤습니다. 지금까지 사업 이야기를 했던 사람들은 듣는 입장이 될 수밖에 없었습니다. 그 두 사람은 선과 검으로 마음을 닦던 사람들이 얼마나 위대한 인물이었는가에 대해 계속 이야기했습니다.

나는 이때 보쿠오 스님의 이야기를 떠올렸습니다. 이 사람들은 자신의 일에서는 성공을 거두지 못했습니다. 동창회가 있어도 중심인물이 되지 못해서 따분했을 것입니다. 그런데 선의 이야기를 꺼내 '너희들은 돈벌이에 마음을 빼앗기고 있지만 그렇지 않은 훌륭한 사람들도 있다' 라는 뜻의 이야기를 하자 아무도 반론하지 못하게 되고, 그 동창회의 분위기가 변하는 것을 알아

챘던 것입니다.

　이런 것은 선의 경우뿐만이 아닙니다. 자기 전문의 영역에서는 성공하지 못한 인물이 취미 또는 자원봉사 활동 등의 이야기로 자신의 존재를 나타내려고 하는 일은 자주 있습니다.

　나는 그 장소에 관계없는 선의 이야기를 꺼내는 것은 도망치는 일, 즉 자신이 본업에서 노력이 부족한 것을 변명하는 데 사용하고 있는 것이라고 생각합니다.

　선도 지금 하고 있는 일을 일보 전진시키기 위한 것에 써야 의미가 있습니다. 선승도 아닌데 선의 이야기를 과시하는 것은 선으로 도피하고 있을 뿐입니다. 장사꾼은 장사를 열심히 하는 것이 선입니다. 회사원은 주어진 일에 전력투구하는 것이 선입니다. 일을 떠난 선은 있을 수 없는 것입니다.

　선의 가르침, 선의 말씀이 일상의 행동을 지배하고 마음을 닦는 수단이 되어 처음으로 의미를 갖는 것입니다. 그렇지 않은 선은 지식에 지나지 않습니다. 그림의 떡으로는 배를 채울 수 없습니다. 선은 어디까지나 본업을 수행하는 마음을 닦기 위한 것이라는 사실을 이해했으면 좋겠습니다.

막히면 변하고, 변하면 통한다

– 고어(古語)

"막히면 변하고, 변하면 통한다." 라는 말은 널리 알려져 있습니다. 인간은 열심히 하면 할수록 한계에 부딪칩니다. 한계에 부딪치지 않으면 진실한 맛이 부족하다고 말하는 사람도 있습니다.

한계에 부딪쳤다면 어떻게 하는 것이 좋을까요?

잠깐 다른 이야기를 해보겠습니다. 일본은 우울병 왕국이라도 해도 좋을 정도입니다. 8년 연속 연간 3만 명 이상의 사람이 자살을 하고 있습니다. 현재는 우울병은 생각의 병이라는 설이 자리 잡고 있습니다. 우리들이 경험하는 바깥세상의 여러 가지 일은 감정과 관계없이 그것을 어떻게 해석하느냐에 따라 어떤 감정이 생겨나고, 이 해석이 비뚤어질 때는 마음에 상처를 주는 감정이 생겨나 그 결과 우울병이 일어난다는 사고방식입니다.

알기 쉬운 예는 프로 야구팬의 심리입니다. 예를 들어 거인 팀이 이기면 거인 팬은 기쁘지만 한신 팬은 재미가 없습니다. 거인이 지면 반대 현상이 일어납니다. 즉, 거인·한신전의 결과 그 자체가 아니라 어느 팀의 편인가 하는 것이 감정을 만드는 것입니다. 같은 거인·한신전인데 거인 팬인지 한신 팬인지에 따라 완전히 다른 것이 됩니다.

이렇게 마음에 상처를 입는 사고방식을 '왜곡된 사고방식'이라고 하는데, 여기에는 열 가지 정도가 있습니다. 그 가운데서도 가장 빈번하게 나타나는 것이 '흑인가 백인가' 하는 사고방식입니다. 어떤 일이 일어나면 좋지만 그렇지 않으면 절망적이라고 극단으로 생각하는 것입니다. 대학 진학, 취직, 장래의 진로, 그 외에 인생의 여러 가지 선택에 대해 '흑인지 백인지' 가르는 생각에 사로잡힌 사람은 정말 많습니다.

우울병은 약으로 고칠 수 있다고 하지만, 예를 들어 진학하고 싶은 대학에 합격하지 못한 경우, 약을 먹어 치료했다고 해도 그 대학에 합격하지 못한 사실은 변하지 않으므로 그 좌절감을 극복하지 않는 한 우울병의 감정, 마음에 상처를 입힌 감정을 없앨 수는 없습니다.

이런 사고방식을 바꾸는 유일한 방법은 발상의 전환입니다. 발상의 전환을 가능하게 하는 것은 자신입니다. 내가 변해야 합니다. 지금까지 어떤 목표가 있었는데 여기서 바꾼다면 창피하다든가, 이 방향밖에 길이 없다고 생각하고 있었으므로 이제 와서 방향을 바꿀 수 없다고 하면 안 됩니다. 바꾸는 것입니다. 지금까지의 발상법은 틀렸다, 그것은 한계를 돌파할 수 없을 뿐 아니라 그 생각이 한계를 만들었다고 생각해야 합니다.

실은 이런 발상의 전환은 '막히는' 곳까지 노력하지 않으면 생기지 않습니다. 막혀서, 어떻게도 할 수 없을 때에 비로소 '변하는' 것이 가능합니다. 이 변화가 있으면 반드시 길이 열립니다. '통한다'는 것입니다. 그렇게 믿어야 합니다. 우울병도 막힌 결과라고 나는 생각합니다. 그러므로 자신의 마음에 상처를 준 발상과 사고를 버릴 기회가 무르익고 있는 것입니다.

고집을 부리면 안 됩니다. 타인의 비웃음을 두려워하면 안 됩니다. 타인은 아무것도 책임져 주지 않습니다. 그 사람들은 입밖에 나오는 대로 말할 뿐입니다. 그러므로 오른쪽으로 갈 수 없다, 왼쪽도 안 된다 하는 최후의 순간에 도달했다면 다른 사람의 평가와 자신의 고집을 버리고 완전히 다른 생각을 해보는 것입니다. 그런 사고방식이 가능한 자신으로 변해야 합니다. '변한다'는 이것이 '통하기' 위한 키워드입니다.

밀어서 안 되면 당겨라

− 고어(古語)

앞에서 이야기했던 게이오대학의 후쿠다 교수는 눈 망막의 한 개의 세포에 전극을 쿡쿡 찔러 그 전기 활동을 기록하려고 했습니다. 세포막을 관통해서 그 안에 전극을 넣으려고 한 것입니다. 그런데 몇 번을 해도 잘되지 않았습니다. 세포막이 파열되고 마는 것입니다. 마침 그때 대학 부지에서 교사의 건축이 시작되었습니다. 그것을 보고 있던 후쿠다 교수는 갑자기 깨달았습니다. 그 공법은 말뚝을 박기 위해서 조금 밀고 조금 빼고 하는 과정을 되풀이했습니다. 그래서 그 방법을 시도해 보니 세포막에 파열 없이 전극이 들어갔습니다. 그때의 일을 후쿠다 교수는 "예로부터 밀어서 안 되면 당기라고 했는데 그대로 했더니 성공했다."라고 말씀하셨습니다.

우리들은 일이 성사되지 않을 때 "아직 힘을 다 쏟아 넣은 것이 아닌가 보다."라고 말하고 더욱 밀어넣으려는 노력을 합니다. 하지만 그래서는 상대의 저항이 늘어날 뿐 성공하지 못하는 일이 많습니다.

"오늘 일을 내일로 미루지 마라."라는 격언이 있습니다. 하지만 반대로 "내일이면 될 일을 오늘 하지 마라."라고도 합니다. 이것은 다음으로 미루라는 이야기가 아닙니다. 곧 그 장소에서 결정하지 말고 조금 냉각 기간을 두라는 이야기입니다. 특히 감정이 격한 때에는 메일을 띄운다든가 팩스를 보내는 것은 좋지 않습니다. 나도 몇 번이나 실패를 겪었습니다. 그러므로 외국에도 "화난 편지는 빨리 보내지 마라. 하루를 묵혀라."라는 말이 있습니다.

특히 그만 두겠다는 결단은 미뤄야 합니다. 그만 두는 일은 언제든지 가능합니다. 일시적으로 중단하는 일도 가능합니다. 이윽고 사태가 변하고 그만 두지 않아 다행이라고 생각되는 때가 올 것입니다.

일뿐만이 아니라 인간관계에도 냉각 기간이 필요하다는 것이 예로부터 선의 세계에서 말하는 '밀어서 안 된다면 당겨라'의 가르침입니다. 잠시 만나지 않으면 상대의 감정도 차분해져서 처음에는 저항감을 가졌던 사람의 이야기를 들어주게 됩니다. 그러므로 밀지만 말고 당기고, 당기는 간격도 생각해야 합니다.

고쳐 디디면 일은 반드시 성취된다

― 야마모토 겐뽀[山本玄峰]

"인간이므로 헛디디는 일도 있다. 그럼 다시 고쳐서 잘 디디면 일은 반드시 성취된다."

이 말씀은 야마모토 겐뽀 스님의 《무문관 제창》에 나와 있습니다. 나처럼 실수가 많고 후회할 일 투성이의 인생을 보낸 사람에게 정말로 격려가 되는 말씀입니다.

제대로 안 풀릴 때, '그렇게 했으면 좋았을 것을' 이라고 후회할 때 어떻게 생각하느냐가 성공의 열쇠라고 생각합니다.

앞에서도 말했듯이 과거의 실패를 잊지 말고 저지른 과오는 일생을 두고 갚아야 된다는 의견이 많습니다.

이 세상에는 정신적인 잘못, 타인의 마음을 상처 주는 일이 많이 있습니다. 이런 문제에 어떻게 대처해야 할까요? 형법은 있지만 정신적인 잘못에 대한 법률은 없습니다. 하지만 '피해'를 입은 사람은 원한을 가집니다. 이런 경우에 보상을 하는 방법은 있을까요.

우리들의 일생은 실수의 연속이라고 해도 좋을 것입니다. 자신에 대해서 저지르는 실수도 있습니다. 절대로 옳다고 생각하고 주장한 일이 말도 안 되는 잘못이었다면, 그 사람은 자신을 경멸하겠지요. 그런 실수를 저지른 자신을 믿어도 될까 하는 의심을 가진 사람도 있을 것입니다.

이런 실패에 대해서 자신을 엄하게 비판하는 사람은 인간으로서의 자신감을 잃을 수도 있고, '나는 노력을 해도 향상되지 않는 인간은 아닐까? 나 같은 인간은 사는 의미가 없지 않은가?'라며 스스로 다그치는 경우도 있습니다.

이런 기분이 되기 쉬울 때, 선의 깊은 경지를 탐구하여 세상의 두터운 신뢰를 얻은 겐뽀 스님 같은 분의 강력한 이 말씀은 정말로 구원이 됩니다. 즉, '잘못을 했다면 고치면 된다. 인간이므로 실패하는 것이다. 그것으로 자신의 마음에 상처를 주는 일만큼 무의미한 행위는 없다'고 말씀하셨습니다.

겐뽀 스님은 "인간의 마음은 부처님으로부터 받은 것이다. 결코 상처를 입혀서는 안 된다."라고 말씀하셨습니다. 스스로 마음에 상처를 주는 일은 자신이 본인에게 저지르는 범죄라고도 할 수 있습니다. 그러므로 그런 불손한 일을 하면 안 되는 것입니다.

더욱이 이 말의 중요한 점은 '반드시 일은 성취된다' 는 것에 있습니다. '다시 하면 된다' 라는 것만이 아닙니다. 계속 고쳐나간다면 최후의 목적에 도달할 수 있다. 성공을 거둘 수 있다고 선언한 것입니다.

겐뽀 스님과 세키 세이세츠 스님은 인간의 마음의 위대함을 거듭 말씀하셨습니다. 마음이 결정해 노력하는 일은 반드시 이루어진다고 말씀하셨습니다. 이것이 보통의 도덕적인 말씀과는 다른 점입니다. 반성하고 살라는 것이 아닙니다. '고쳐라, 그것만으로 족하다' 는 것입니다. 그리고 그 결과가 목적을 달성시킨다고 말씀하시는 것입니다.

우리들의 마음은 영원히 계속되는, 어디까지나 깨끗한 것이라고만 하는 것이 아닙니다. 그 마음의 힘을 사용하면 좋은 바람이 반드시 이루어지는 것입니다. 이런 일을 잊어서는 수행의 의미가 없습니다.

사람은 기계나 로봇이 아닙니다. 자신의 마음으로 목적에 도달할 수 있는 존재인 것입니다. 인과의 법칙을 깰 수 없다는 것은 몇 번이나 말했습니다. 하지만 인과는 단순한 덧셈, 뺄셈이 아니므로 마음가짐에 따라서 그 결과도 변할 수 있다는 것도 말했습니다. 즉, 좋은 염, 좋은 생각은 목적을 달성하도록 움직이는 엔진과 같은 것입니다. 그러므로 목적을 정했으면 '그 생각은 반드시 이루어진다' 는 기분을 가지고 진행하는 것이 중요합 니다. 언제나 염두에 두어야 합니다. 그리고 실패했다면 고치면 됩니다. 마음의 힘은 모든 것을 초월해 목적을 달성시킵니다. 즉, '일은 성취된다' 는 것입니다.

나도 이 겐뽀 스님의 문장을 몇 번이나 읽었습니다. 그리고 언 제나 결의를 새롭게 다지는 계기로 삼고 있습니다. "고쳐 디디 면 일은 반드시 성취된다." 라는 것이 가능한 것도 우리들 각자 가 겐뽀 스님이나 부처님과 마찬가지로 위대한 마음을 가지고 있기 때문입니다. 원래 지니고 있지 않는 마음을 노력해서 획득 하라는 것이 아닙니다. 본래 가지고 있는데 쓰지 않고 있는 마음 의 힘을 사용하라, 그러면 반드시 이루어진다는 것입니다. 꼭 이 것을 확신하고, 목적을 달성하려는 노력을 하십시오. 일이 성취 될지 아닐지는 당신의 마음, 마음의 힘을 믿느냐 아니냐에 달렸 습니다.

전력투구의 정신만 있다면
누구라도 반드시 깨달음을 얻는다

— 야마다 무몬[山田無文]

야마다 무몬 스님이 하나조노대학에 다니던 때의 일입니다. 좌선을 하고 있는데, 바로 앞자리에서 시로우즈 게이잔白水敬山 스님이 좌선을 하고 있었습니다. 그 모습이 항상 훌륭했기 때문에 '질소냐' 하고 자신도 좌선을 했다고 합니다. 며칠 뒤에 좌선을 끝내고 마당에 나가니 눈앞의 은행나무가 금색으로 빛나고 있었는데, 그 빛나는 은행이 바로 자신이라고 체득했다고 합니다. 깨달음의 순간입니다.

무몬 스님은 "항상 말하고 있지만 재가일반인라서 깨달을 수 없고, 학생이라서 견성깨달음을 얻는 일할 수 없다는 말은 틀린 말이다. '궁지에 몰린 쥐는 고양이를 문다'는 전력투구 정신만 있으면 누구라도 반드시 깨달음을 얻는다.”라고 하셨습니다.

선을 시작해도 처음에는 한 방향으로 심경이 나가지 않고 깨닫는 건지 아닌지 모르는 상황이 계속됩니다. 이런 때에 ‘나 같은 사람은 아무리 노력해도 깨달음을 얻을 지 확실치 않다’고 포기하는 마음이 생깁니다. 또, 선승의 체험담을 읽으면 접심接心: 기간을 정해 수일간 좌선만을 하는 것으로 아침부터 저녁까지, 아니 밤중까지 좌선을 하고 그것을 몇 번이나 되풀이하여 겨우 견성을 할 수 있었다고 쓰여 있습니다. 그렇다면 일과 일 사이에 잠깐씩 좌선을 해서는 의미가 없다고 생각하게 됩니다.

하지만 좌선은 깨닫기 위해서만 하는 것은 아닙니다. 좌선을 하면서 본래의 마음에 눈뜨고 점점 얼굴 모습, 행동이 변해서 판단도 실수도 하지 않게 되는 것이 아주 중요합니다.

‘깨닫지 않으면 본래의 마음을 체득하지 못하기 때문에 무엇인가 일이 벌어지면 또 망상, 번뇌의 노예가 되어 도로아미타불이 되고 마는 것은 아닐까? 깨달으면 자신의 마음을 알고 있으므로 어떤 환경에 처해도 자신이 부처의 마음을 가지고 있다는 것을 잊지 않을 수 있지 않을까?’ 이렇게 생각하는 사람도 많을 것입니다.

하지만 그런 일은 없습니다. 스님이라도 틀린 말씀을 하는 분도 많이 있고 싸움을 벌이거나 파가 갈린 승당僧堂도 많습니다. 또, 인격적으로 의심이 가는 사람도 있습니다. 우리들은 많은 스님들을 알고 있지만, 그중에는 내가 존경하고 있는 스님을 헐뜯거나, '그 자는 인간의 탈을 쓴 악마' 라고 비난하는 사람도 있습니다.

불교에서는 "석가도 달마도 수행 중"이라고 합니다. 여기까지 깨달으면 된다고 하는 한계가 없습니다. 또, 세상에는 선승보다 훌륭한 분이 많이 계시고, 선이 아니라도 어느 종류의 깨달음의 경지에 오르신 분도 많습니다. 그러므로 깨달음만이 좌선의 목적이 아니라는 것을 이해했으면 좋겠습니다.

그래도 자신이 부처의 마음을 가지고 있다는 것을 체득해 보고 싶다는 생각을 가진 사람은 많습니다. 그런 경우에 가장 중요한 것은 '전력투구 정신' 입니다. 전력투구 정신만 있으면 학생이든 승려이든 오로지 좌선만을 하는 수행에 참가하지 않아도 반드시 깨닫는다고 무몬 스님은 말씀하시고 계십니다.

나츠메 소세키가 엔가꾸지圓覺寺의 샤꾸소엔釋宗演 스님 밑에서 참선했던 일은 유명합니다. 《나는 고양이로소이다》에는 "옛날 어느 유명한 선사에게 어떻게 하면 깨달음을 얻을까요?" 하고 물었더니 "고양이가 쥐를 노리듯 해라." 라는 구절이 있습니다. "궁지에 몰린 쥐는 고양이를 문다." 라는 속담과는 반대이지만 고양이가 쥐를 잡으려고 할 때에는 다른 일은 일절 생각하지 않는 것처럼 보입니다. 쥐를 잡는 일에 전념하고 있는 것처럼 보입니다. 그런 마음이면 깨달음을 얻는다는 말입니다.

하쿠인선사도 '좌선을 전혀 모르는 어느 일반인이 목욕탕에 틀어박혀 좌선 비슷한 것을 실제로 해보며 진지하게 며칠을 보낸 끝에 드디어 견성見性에 이르렀다'는 에피소드를 소개하며 "그의 처지에서 그러한 깨달음을 얻은 것은 실로 대단하다."라고 말씀하셨습니다. 그 말씀의 마지막은 다음과 같습니다.

"그는 일개 범부이다. 불교의 수행을 알지 못했다. 그렇지만 겨우 이삼일 만에 이같이 증득證得했다. 오로지 용맹정진한 계기로 망상과 싸워서 이긴 자가 되었다. 너희들은 왜 용맹의 마음을 불러일으키지 않느냐!"

실로 온 힘을 쏟는 것이 중요하다는 것입니다. 물론 이것은 좌선에만 필요한 마음가짐은 아닙니다. 어떤 목적을 가져도 전력투구하면 진지한 마음이 되어 스스로 생각도 못한 결과를 얻게 되는 것입니다. 중요한 것은 마음입니다.

닦으면 닦은 만큼의 빛이 난다

— 야마모토 겐뽀[山本玄峰]

앞에서 깨닫지 못해도 좌선을 하는 것에 의의가 있다고 말씀드렸습니다. 이것을 단적으로 나타낸 것이 겐뽀 스님의 시입니다.

"닦으면 닦은 만큼의 빛이 있다. 어떤 구슬이라도, 근기의 구슬이라도."

'근기의 구슬' 이란 마음을 의미합니다. 우리들은 누구든지 신神 또는 부처님과 마찬가지로, 그 마음은 무한의 능력과 티 없는 순수를 가지고 있습니다. 이것을 자각하지 못하거나 이 능력을 발휘하지 못하는 것은 마음의 빛을 덮는 망상, 번뇌의 구름이 있기 때문입니다.

좌선, 독경 등은 이 구름을 엷게 해서 그 안의 마음의 빛이 새어나와 더욱 빛을 발하게 하는 방법입니다. 겐뽀 스님의 시는 모든 보석의 원석이 닦으면 닦을수록 빛을 내는 것처럼 조금이라도 좌선, 독경을 하면 그만큼 구름은 엷어져 마음의 빛이 나온다는 것을 말씀하고 계십니다.

이처럼 조금씩이라도 나아가고, 조금만이라도 높은 곳으로 향하는 그런 노력을 한다면 분명 그만큼의 성과를 얻을 수가 있다는 것이 불교의 가르침입니다.

'오늘만 해서는 소용없다' 라든가 '이 정도로는 도움이 안 된다' 라는 일은 없습니다. 하면 한 만큼의 결과를 얻고 효과를 높일 수 있습니다. 하지만 하지 않으면 아무런 진전도 없을 뿐만 아니라 망상과 번뇌, 즉 증오와 분노, 공포 등의 감정과 무엇을 원한다든가 다른 사람으로부터 빼앗고 싶은 기분에 의해 구름이 두꺼워 지고 마음의 빛이 줄어드는 가능성도 있습니다. 그러므로 순간순간의 기백과 계속되는 노력이 무엇보다도 중요합니다.

같은 일은 일상의 생활에서도 일어납니다. 단념하지 않고, 조금이라도 노력하고, 향상에 마음을 기울이는 것이 중요합니다. 매일의 수행을 중요하게 여기고 게으름 피우지 말고 이것이 나의 마음을 닦는 수행이라고 생각하며 사는 일이 우리들을 나태에서 구원해 주고, 목적 있는 인생을 보내게 만들어 줍니다. 이런 마음가짐 없이는 무엇을 해도 허무함이 남을 것입니다.

당기면 울리고 당기지 않으면
울리지 않는 딸랑이

― 고가(古歌)

앞에서 든 "닦으면 닦은 만큼의 빛이 난다." 라는 시와 같은 뜻을 나타낸 구절입니다. 당연한 현상을 나타낸 말이지만 꽤 마음을 흔드는 말씀입니다.

딸랑이를 모르는 분도 많을 것입니다. 딸랑이라고 하는 것은 작은 판자에 몇 개의 나무 막대기를 매달아 판자가 움직이면 막대기가 부딪쳐 소리를 내는 도구입니다. 옛날에 벼가 익을 무렵이 되면 그 낟알을 쪼아 먹는 참새를 쫓기 위해 논에 허수아비를 세우거나 딸랑이를 설치했습니다. 끈으로 연결한 딸랑이를 논에 세우고 끈을 멀리서 잡아당기면 일제히 소리가 울려 참새가 놀라 달아나는 것입니다.

이 딸랑이는 줄을 당기면 반드시 소리가 납니다. 하지만 당기지 않으면 울리지 않습니다. 당연한 일이지만 소리를 내는 것도 그냥 내버려 두는 것도 내 마음대로입니다. 잡아당기느냐 그냥 두느냐 하는 결정권이 자신에게 있는 것입니다. 나 이외의 누구도 울릴 수 없는, 하지만 내가 당기면 반드시 소리가 나는 성질이 수행의 궁극적인 의미와 통하는 점이 있으므로 고래로 이 구절이 수행자에게 전해져 내려온 것이라고 생각합니다.

이것은 우리들이 병에서 완쾌되는, 혹은 자신의 병을 치료하는 경우에도 해당됩니다. 최근 사람들이 두려워하는 병 중 하나가 뇌경색입니다. 왼쪽 뇌의 혈관이 막혀 광범위하게 뇌경색이 되면 오른쪽의 손발이 마비되고 말을 할 수 없게 됩니다. 그것은 왼쪽 뇌가 오른쪽 수족의 운동, 감각을 조정하고 또 언어 중추가 주로 왼쪽 뇌에 있기 때문입니다.

이런 사람이 열심히 재활 치료를 하면 움직이지 않았던 오른쪽 손발이 점점 움직이게 되고, 말도 할 수 있게 됩니다. 이때 뇌가 어떤 상태인지 MRI_{자기공명화상}나 PET_{양전자방사단층촬영법}로 조사해 볼 수 있습니다. 그 결과 좌측 뇌가 부분적으로 회복한 덕도 있지만 우측 뇌가 왼쪽 손발을 움직이고 있다는 것을 알게 되었습니다.

그것뿐만이 아닙니다. 오른쪽 뇌의 언어중추로 말하는 능력이 회복된 사실도 알게 되었습니다. 원래 오른쪽 뇌에도 언어중추가 있지만, 왼쪽의 언어중추가 손상되었기 때문에 오른쪽의 미숙한 언어중추가 점점 발달하여 말을 할 수 있게 된 것입니다. 즉, 뇌의 신경 배선이 변화한 것입니다.

하지만 이것은 저절로 되는 일이 아닙니다. 움직이지 않는 오른쪽 손발을 움직이도록 노력하고, 말을 하려고 필사적으로 노력하면 뇌가 변하고 오른쪽 뇌가 왼쪽의 역할까지 하게 되는 것입니다.

즉, 뇌를 바꾸고 그 배선을 변화시킬 수 있는 유일한 인간은 본인입니다. 의사는 도움을 줄 수 있을 뿐입니다. 뇌를 바꾸든 그렇지 않든 그 뇌를 가지고 있는 사람인 본인이 결정해야 합니다. 결정해서 노력하면 뇌가 바뀌고, 결정하지 않고 힘을 들이지 않으면 뇌는 바뀌지 않습니다.

이것이 '당기면 울리고 당기지 않으면 울리지 않는 딸랑이' 가 품고 있는 의미와 비슷하다고 생각합니다.

같은 일은 일상의 생활에서도 나타납니다. 일을 좀 더 진척시키자, 지금까지 불가능이라고 여겨지던 일에 도전하자고 결심했을 때 그것을 가능하게 하는 것은 본인이며, 그것을 위해 노력하는 것도 본인의 마음입니다. 누군가 조언을 해줄 수는 있습니다. 또 도와줄 수도 있을 테지요.

하지만 본인이 하지 않으면 결과는 얻을 수 없습니다. 노력을 하든 하지 않든, 결과가 나오든 나오지 않든, 본인에게 결정권이 있고 그 이외의 사람에게는 없는 것입니다.

우리들의 마음도 마찬가지입니다. 마음의 빛을 덮는 검은 구름을 없애는 것도, 구름을 한층 두껍게 만드는 것도 본인이 향상의 노력을 하는지 안 하는지에 따른 것으로 다른 사람이 관여할 문제가 아닙니다. 노력을 하면 결과가 있고, 노력하지 않으면 절대로 결과를 얻을 수 없습니다. 딸랑이는 울리지 않습니다.

우리들은 자신이 처한 환경의 영향을 입에 올립니다. 자신과 같은 가난한 사람은 무리라든가, 집안 환경이 나빠 도와줄 사람이 없다든가, 학력이 없어서 높은 지위에 오르지 못한다고 하는 등 갖가지 잘하지 못하는 구실을 생각합니다. 하지만 일을 하고 그것을 완성하는 사람은 오직 본인뿐입니다. 환경, 집안, 학력이 일을 해주는 것은 아닙니다. 마지막은 본인이 '하는' 것입니다.

나는 이런 문구에는 인생의 궁극적 의미가 담겨있다고 생각합니다. 그래서 늘 이야기하고 있습니다.

제 4 장

인간관계가 어렵다면

내가 결점을 가진 것처럼 다른 사람에게도 결점이 있습니다.
하지만 나에게 조금 좋은 점이 있는 것처럼
다른 사람에게도 좋은 점이 있는 것입니다.
나쁜 점에만 눈을 빼앗기지 말고 좋은 점을 보고 사귄다,
이것이 인간관계의 비결입니다.

사람에게는 모두 능불능能不能이 있다

― 야마오카 텟슈[山岡鐵舟]

야마오카 텟슈의 지론은 "스스로 해나가지 못하는 사람만을 돌봐준다. 스스로 할 수 있는 사람에게 손을 댈 필요는 없다."라는 것이었습니다.

오구라 뎃쥬는 텟슈의 제자인데, 일본 화가로 문화훈장을 받은 오구라 유키의 남편입니다. 그는 텟슈를 자신의 스승으로 모시며 여러 가지 일화를 기록으로 남겼습니다.

그는 텟슈의 이 말씀에 이어서 "불우한 사람을 돕는 것이 진정한 구원이다. 좋은 환경에 있는 사람은 보살펴 주지 않아도 스스로 뻗어간다."라고 쓰고 있습니다. 더욱이 "나의 스승 곁에는 실로 변변치 않은 자들이 많이 모였다. 영웅 곁에는 거지가 많다고 하더니 그 말이 딱 들어맞았다. 가츠 카이슈는 텟슈의 집을 귀신이 나오는 집이라고 했다. 그 대단한 가츠 카이슈에게도 야마오카가 만만치 않았던 것이다. 그의 곁에 모여든 변변치 않은 자들을 스승은 조금도 싫은 내색 없이 한 사람씩 처신법을 익히게 해주었다. 위대한 사람이었다."라고 서술하고 있습니다.

사람에게는 여러 가지 능력이 있습니다. 쓸 만한 곳이라고는 전혀 없을지 모르는 사람에게서도 좋은 점만을 보는 것이 중요합니다. 텟슈는 "검의 수행에 대해서 스승의 좋은 점만을 배우면 된다. 결점에 눈이 가면 결코 숙달될 수 없다."라고 말씀하셨습니다.

이것은 친구, 지인의 관계에도 마찬가지입니다. 내가 결점을 가진 것처럼 다른 사람에게도 결점이 있습니다. 하지만 나에게 조금 좋은 점이 있는 것처럼 다른 사람에게도 좋은 점이 있는 것입니다. 나쁜 점에만 눈을 빼앗기지 말고 좋은 점을 보고 사귄다, 이것이 인간관계의 비결입니다.

우리들은 같이 어울리는 사람에게 완벽함을 바라고, 조금 타산이 있거나 싫은 면을 발견하면 금방 싫어져 관계를 끊거나 의심하며 사이를 이어갑니다. 하지만 사람에게는 능불능能不能이 있습니다. 좋은 점을 지향하는 것과 나쁜 점을 지향하지 않는 것, 이 양면을 갖추고 있는 것이 인간입니다.

• 군자의 교제는 물과 같이 담백하다

좋고 싫음 없이 등용하는 큰 인물

– 마츠오카 츠모루[松岡萬] : 야마오카 텟슈의 제자

1859년, 야마오카 텟슈가 존황양이당尊皇攘夷黨을 만들었을 때 막부의 신하 출신인 마츠오카 츠모루는 텟슈와 함께 활동했습니다. 이후 텟슈가 메이지 정부를 위해 일하고 있는 것을 알고 처음에는 그를 암살하려고 했으나 텟슈에게 훈계를 듣고 영향을 받아서 문하가 된 사람입니다.

그는 "텟슈 선생의 일화 중에 사람에게 보탬이 되는 일을 알린다."라며 일기에 텟슈의 일화를 기록했습니다. 진실로 텟슈의 인간됨에 심취되어 있다는 것을 알 수 있습니다.

마츠오카가 텟슈의 일화를 노래한 와카和歌가 있습니다. 차별적 언어가 들어있지만 당시의 사정이 그랬으니 이해해 주시기

바랍니다.

"현명함과 어리석음을 가리지 않고 벙어리나 봉사, 겁쟁이도 좋고 싫음 없이 등용하는 큰 인물……."

텟슈는 사람을 쓰거나 사귈 때 푹 빠지지도 않고, 거리를 두지도 않고, 좋고 싫음도 없는 자연체로 대했다고 생각됩니다. 이런 자세는 매우 중요합니다. "군자의 교제는 담백하기가 물과 같아야 한다."라고 장자도 말했지만, 이런 기분을 유지하면 속았다느니 배신당했다느니 하는 어리석음도 없을 것입니다. 또, 결점 속에 있는 장점을 발견하고 이것을 소중히 해서 관계를 이어나가는 것이 중요합니다. 이런 자세를 갖추지 않으면 모든 사람에게 배신당했다며 세상을 저주하는 인간이 되고 맙니다.

텟슈는 호방한 성격으로 다른 사람의 사정을 잘 봐주었다고 합니다. 하지만 사정을 잘 봐준다고 해서 은혜 갚기를 바라거나 의리를 강조하지는 않았습니다. 그것이 인간관계를 좋게 만드는 길이라고 생각합니다.

세상은 유능한 사람만 떠받들고 그런 사람만을 중용하는 경우가 많습니다. 하지만 유능한 사람은 동시에 타산적인 면도 가지고 있습니다. 그러므로 여차했을 때에는 자기 마음대로 일을 처리하고 곁을 떠나는 일도 자주 있습니다. 반대로 눈에는 뜨이지 않는 인재도 있습니다.

그 사람의 좋은 점을 발견하고 사귀는 것, 이것이 오래 계속되는 인관관계의 기본이라고 생각됩니다.

누구나 '나를 최고로 신뢰하고 있다'고 믿게 하라

— 세키 보쿠오[關牧翁]

이 책에서 몇 번이나 일화 및 말씀이 소개되는 세키 세이세츠 스님에 대해 제자인 세키 보쿠오 스님은 "호방, 대담하고 인간의 나약함을 특히 싫어하셨던 분이다."라고 말씀하셨습니다. 또, 같은 제자인 야마다 무몬 스님은 세이세츠 스님이 입적한 후, 여러 사람에게 세이세츠 스님에 대한 추억을 글로 받았는데, 그때에 실로 많은 제자가 "세이세츠 스님은 나를 가장 신뢰하셨다." 라고 자신 있게 써내서 놀랐다고 말씀하셨습니다.

이 점에 대해서는 보쿠오 스님도 같은 의견입니다. 보쿠오 스님은 "세이세츠 스님에게는 도를 터득한 사람 특유의 '나를 가장 신뢰한다' 라고 생각하게 만드는 힘이 있다. 이런 힘이 없으면 인간의 지도자가 될 수 없다."라고 쓰셨습니다.

인간은 질투가 많은 동물입니다. 그러므로 타인, 특히 자신에게 중요한 사람의 애정, 호감을 독점하고 싶다는 기분을 가지고 있습니다. 뛰어난 스승이 있다면 더욱 그 관심을 받고 싶겠지요. 그런 스승에게 "능력 있는 자네를 믿네."라는 말을 들으면 대단한 자신감이 생깁니다.

그리고 스승이 나의 라이벌을 어떻게 생각하는지 신경이 쓰입니다. '나를 좋게 보실까 아니면 저 녀석을 높게 평가하고 계실까?' 이런 생각이 끊임없이 머릿속을 맴돕니다. 그 결과 일이 애정의 난투극처럼 흘러가서 제자들의 관계가 나빠집니다. 이렇게 되면 단체 활동이 원활하게 운영되지 않습니다. 내분이 일어나고 마니까요.

그렇다면 내분 없이 결속을 이루고 있는 단체는 어떤 비결이 있는 걸까요? 그룹에 속한 사람들은 본심과는 별개로 세상의 눈을 의식해서 일부러 그렇게 보이도록 행동하는 것일까요. 아니면 그 단체에 붙어 있으면 이득이 있으니 비판적인 생각을 억누르고 평화를 유지하는 것일까요.

나에게도 이것은 오랜 기간 의문이었습니다. 그런데 어느 날 이런 경험을 했습니다. 내가 속한 학문 단체의 지도자에 대해 말하며 "그는 나에게 속마음을 털어놓는다."라고 하자 다른 사람들이 언짢은 얼굴을 하면서 자신들이 더 높은 평가를 받고 있다고 말했습니다. 나의 의문은 풀렸고, 곰곰이 세이세츠 스님의 경우를 생각하게 되었습니다.

훌륭한 사람은 상대를 대할 때 신뢰받고 있다는 느낌을 줍니다. 그러므로 상대방 모두가 '아무도 모르지만 그는 나를 좋아하며 믿고 있다' 고 느끼는 것입니다.

이런 일은 의도적으로 한다고 되는 일이 아닙니다. '모두에게 같은 이야기를 하는 것은 아닐까?' 라는 의심을 사기가 쉽습니다. 이것은 역효과입니다.

훌륭한 사람은 다른 사람을 만날 때 그 만남에 몰두하는, 즉 사념 없이 이야기한다는 인상을 줍니다. 이런 시간이 계속되면 점점 '이 분은 진정으로 나를 신뢰하고 있다' 는 기분이 듭니다.

이렇게 되면 다른 기회에 그 분이 다른 사람과 이야기하고 있어도 '저 사람은 모르지만 진정 신뢰받는 사람은 나뿐이다' 라는 기분이 들어 질투심이 일어나지 않게 됩니다. 이런 인상을 주기 위해서는, 사람을 대할 때에는 상대방만을 마음속에 두고 그 이외의 것은 생각지 않는다는 기분이 전해지도록 태도를 취하는 것이 필요합니다.

속마음을 털어놓고 사귀지 않는다

― 세키 세이세츠[關精拙]

세키 보쿠오 스님은 스승인 세키 세이세츠 스님에 대해 다음
과 같이 쓰셨습니다.

"방문객 중에는 전쟁이 끝난 후 자살한 고노에 후미마로 공
작, 아베 노부유키 육군대장, 가토 간지 해군대장 등 육해군의
장성 등이 있었는데, 그중에서도 가토 대장과는 형제지간 같은
친구였다."

그런데 당사자인 세이세츠 스님은 타인과 속내를 털어놓고
지내지는 않으셨습니다. 그 이유를 물으니 "뭔가 일이 틀어지게
되면 어색하니까." 라고 말씀하셨다고 합니다.

이런 일은 마츠오카 츠모루가 텟슈를 평한 "좋고 싫음 없이
등용하는 큰 인물" 이라는 말씀을 바탕으로 인간관계의 본질을

나타내는 것이라고 생각됩니다. 속내를 털어놓고 사귀지 않아도 상대가 마음 밑바닥부터 신뢰를 받고 있다는 인상을 가지면 되는 것입니다.

나의 선배는 "어떤 인간이든 60퍼센트만 믿는다."라고 말했습니다. 젊은 시절에는 이 말에 매우 반발하며 "선배는 친구도 없습니까?"라고 대든 적이 있습니다. 하지만 나이를 먹으니 이 단어의 의미가 마음에 와 닿았습니다.

사람은 변합니다. 제작 프로덕션의 사장과 아주 친해진 적이 있습니다. 그는 나를 때때로 TV에 출연시켜 주었는데, 어느 날 '만약 내 생활이 방송 출연에 의존하고 있고 그것이 최대의 수입원이라면 어땠을까? 그리고 그 사장의 비위를 건드려 TV에 나가지 못하게 된다면 어떻게 되었을까?' 하고 생각한 적이 있습니다. 그것은 그의 태도가 점점 변해서 '내 말 한마디면 방송 출연은 어렵다' 라는 분위기를 풍기게 되었기 때문입니다.

아마 이것이 도리는 아니겠지요. 자신이 우위라고 자각하면 인간의 태도는 점점 변하게 됩니다. 의식하든 아니든 관계없이 변합니다. 그것은 그 사람이 훌륭한 사람인가 아닌가 하는 문제가 아니라 인간의 본성이 그런 것이기 때문입니다.

이런 관계가 되면 작은 말다툼이 불씨가 되어 사이가 서먹해집니다. 너무 친해졌기 때문입니다.

인간관계에 의존하지 않아도 능력만 있으면 일은 들어온다고 믿으십시오. 오히려 필요 이상으로 친해졌기 때문에 인간관계가 뒤틀리고, 그것이 일에도 영향을 미치는 경우도 있습니다.

우리는 상대를 의심하지 말고 타산 없이 사귀는 것이 좋은 인간관계이며 훌륭한 사람의 길이라고 배웠습니다. 하지만 대중, 지인들로부터 존경받고 신뢰 받는 뛰어난 사람의 좌우명이 '다가서지도 멀어지지도' 인 경우가 많습니다. 이것은 차라리 이런 담담한 사이에서야말로 진정한 관계가 형성된다는 것을 의미하고 있는 것입니다.

'어느 것에도 구애되면 안 된다' 는 것이 선의 궁극적인 의미입니다. 그런데 우리들은 인간관계에 한해서는 별개의 문제라고 생각하곤 합니다. 인간관계도 마찬가지입니다. 사람과 사귀고 친해지는 것은 좋지만, 그것에 붙잡혀서 누군가 한 사람의 일로 고민한다면 선을 닦는 의미는 없습니다.

장자의 말씀을 다시 한번 생각해 봅시다. "군자의 교제는 담백하기가 물과 같다."

• 경쟁은 하되 그것이 인생의 전부라고 생각하지 마라

승자는 원한을 산다

– 《법구경》

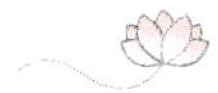

승자는 원한을 사고
패자는 밤에도 잠들지 못한다.
이기고 지는 일을 떠난 자는
누워서도 일어나서도 안락하다.

인도에서 남방으로 전해진 불교를 소승불교라고 하는데, 여기에 《담마빠다Dhammapăda》라는 경전이 전해지고 있습니다. '담마빠다'는 부처님의 말씀을 '일구 일어一句一語'도 틀리지 않게 진중하게 편집하여 전하고 있습니다. 'dhamma'는 '법'이라는 말이고 'pada'는 '구절'이라는 말이므로 '법구'가 되는데, 한문 번역으로는 오래전부터 '법구경'으로 번역되어 있습니다. 여기에서 든 말씀은《법구경》의 한 구절입니다.

현대는 경쟁 사회입니다. 글로벌화의 파도 속에서는 경쟁에서 승리하지 않으면 기업, 더 나아가 국가 그 자체가 위험하다는 주장들이 많습니다. 그런 말들을 들으면 경쟁에 이기는 일이야말로 나라가 존속할 수 있는 방법이고, 이를 의심하는 일은 있을 수 없는 것처럼 생각됩니다.

하지만 그런 경쟁은 우리들 마음속에 어떤 영향을 주는 것일까요. 부처님은 이미 2,500년 전에 인간 심리의 본질을 깨닫고 "승자는 원한을 사고 패자는 분함에 잠 못 든다."라고 말씀하셨습니다.

또, 집단이라고 하는 것은 특별나게 뛰어나지 않은 대부분의 사람에 의해 구성되어 있습니다. 그 사람들 중에는 다른 멤버와의 경쟁에서 진다면 큰일이라고 생각하고 주위 사람들의 성공을 방해하거나 발을 걸고 늘어지려고 생각하는 사람이 있습니다. 그러면 조직 속에서 의심이 생겨납니다.

최근 미국에서 재미있는 조사가 행해졌습니다. 미국은 주마다 소득의 격차가 다릅니다. 루이지애나, 미주리, 앨라배마, 뉴욕, 텍사스 주는 빈부의 격차가 크고 뉴햄프셔, 버몬트, 아이오와 주는 차이가 작습니다. 조사에 의하면 이 격차와 그 주의 주민의 사망률 간에는 직접적인 관계가 있었습니다. 즉, 소득 격차가 큰 지역의 사람은 병에 걸리기 쉽고 수명도 짧습니다. 더욱 흥미로운 것은 소득 격차가 큰 지역의 사람은 타인에 대한 신뢰도가 낮다는 점입니다. 즉, 그런 주의 인간관계는 메말라 있는 것입니다.

우리들은 누구나 행복하게 살고 싶어 합니다. 그런데 주위에 나보다 행복한 사람이 많이 있으면 자신은 실제보다도 더 불행하게 생각됩니다. 그리고 주위에 일이 잘 풀리는 사람에게 질투를 느껴 뭔가 걸림돌이 될 만한 일이 없나 책략을 세우게 됩니다. 그렇기 때문에 성공한 사람도 질투를 받아 비판, 중상, 악의 속에서 살게 되는 것입니다.

즉, 경쟁 속에서는 사람은 행복해 질 수 없는 것으로 보입니다. 부처님의 시대도 그랬겠지요. 하지만 경쟁 속에서도 행복한 인생을 보내는 방법은 있다고 부처님은 말씀하셨습니다. "이기고 지는 마음에서 떠나라. 그러면 낮이나 밤이나 안심하고 살아갈 수 있다."라는 것입니다.

현대를 사는 우리들은 경쟁에서 벗어날 수 없습니다. 살아간다고 하는 것 자체가 경쟁입니다. 하지만 경쟁에 사로잡히지 않고, 이기고 지는 것으로 성공과 실패를 결정하지 않는, 그런 마음을 가질 수 있으면 마음도 몸도 건강하게 지낼 수 있다고 《법구경》은 가르치고 있습니다.

경쟁을 그만 두는 것이 아닌, 경쟁을 해도 그것이 인생의 모든 것이라고 생각하지 않는 마음, 그 마음이 매우 중요한 것입니다.

• 인간관계를 망치는 것은 최후의 행동과 말

원한은 잊어라

– 《법구경》

이것도 《법구경》의 말씀입니다.

"원한은 원한으로 풀지 못하니, 원한을 잊을 때에만 풀리리라. 옛날이나 지금이나 영원히 변치 않는 진리이다."

시마츠 잇도쿠사이는 에도 시대의 시마츠번의 번주의 일족으로 "괴롭다고 원한을 갚지 마라. 우리들 인간에게 원한은 끝이 없으니"라는 시를 썼습니다.

우리들은 다른 사람과 싸울 때 마지막에 상대방이 한 행동과 말에 반응합니다. 처음에 어느 쪽이 무슨 짓을 했는지, 무슨 말을 했는지는 잊어버리고 맙니다. 어느 쪽이 먼저 시작했는지 상관없이 지금 받은 굴욕은 참을 수 없다, 이 굴욕을 깨끗이 씻는 게 중요하다고 생각하는 것입니다.

뭔가 싫은 말을 들었을 때는 '다른 것은 차치하더라도 이것만은 용서할 수 없다' 라고 생각하게 됩니다. 하지만 '참기 어려운 것을 참아내는 것이 참다운 인내' 입니다. '이것만은 참을 수 없다' 라는 것을 참는 것이 인내인 것입니다.

나는 이 세상에서 가장 성공을 방해하는 것은 '참지 못하고 입 밖에 내고 마는 일' 이라고 생각합니다. '그것만 말하지 않았어도' 라고 후회하는 사람은 많을 것입니다. '거기서 참았더라면' 하고 후회를 반복하는 것이 인생입니다.

사람은 어떤 은혜를 입어도, 어떤 의리가 있어도 최후의 한마디로 모든 것을 잊고 맙니다. 그리고 그것을 또 한 번 원점으로 되돌리는 일은 불가능합니다. 더욱이 폭언에 대해 폭언으로 대꾸하면 이 말이 방아쇠가 된 것처럼 싸움이 계속 됩니다.

두 사람 모두를 아는 사람이 '예전에는 그렇게 친했는데' 라며 한탄하게 하는 싸움은 항상 마지막에 한 행동이나 말이 원인입니다. 사람은 최후에 상대방이 한 행동만을 기억하고 반응한다는 사실을 잘 알아 두어야 할 것입니다.

타인의 원한을 사지 않는 자제가 필요하고, 내게도 원한이 남아있다면 '잊어야 마땅' 합니다.

• 알고 있다는 태도를 보이지 말 것

남의 작은 과오를 책망하지 마라

– 《채근담》

남의 작은 허물을 꾸짖지 말고
남의 비밀을 들추어내지 말며
남의 지나간 과오를 마음에 두지 마라.
이 세 가지로써 덕을 기르고
또한 해를 멀리할 수 있다.

인간은 실수하는 존재입니다. 실패하는 것이 이상한 일이 아닙니다. 그리고 그 실패를 모두 후회합니다. 또, 그것을 타인에게 알리고 싶어 하지 않습니다. 그러므로 상대가 자신의 실패를 알고 있고, 그것을 다른 사람에게 말할 지도 모른다고 생각하면 무슨 짓을 해서라도 그것을 막고자 하는 것이 보통입니다.

인간관계를 잘하고 싶고, 잘 이어나가고 싶으면 상대의 실패를 다른 사람에게 말할 지도 모른다는 의심이 들지 않게 행동하는 것이 중요합니다. 그러려면 지난 잘못을 모르는 척해서는 충분치 않습니다. 타인의 험담을 하지 않는 것이 중요합니다.

상대의 실패를 들춰내는 일은 그 사람의 마음에 상처를 줍니다. 야마모토 겐뽀 스님에게는 법납상 조부에 해당하는 교토 엔후쿠지円福寺의 고노 가잔河野伽山은 "내가 옳아도 타인을 나무라면 안 된다." 라고 말씀하셨습니다.

야마오카 텟슈도 "장점은 언급해도 좋다. 하지만 단점은 말하면 안 된다." 라며 검술이든 토론이든 상대가 가장 자신 있어 하는 부분 외에는 공격하지 않았다고 합니다.

한편, 자신에게는 기억이 없는데 타인에게 비난받는 경우가 있습니다. 이런 때에는 어떻게 대처해야 할까요.

《법구경》에는 "침묵하는 자는 비난받고, 말이 많은 자도 비난받으며, 말이 적은 자도 비난받는다. 비난받지 않을 사람 없으니, 예나 지금이나 또한 그러하다네." 라는 구절이 있습니다. 즉, 인간은 비판받고 험담을 듣는 존재라는 것입니다.

만약 이 진리를 이해하면 타인의 비판에 '그 말 만큼은 참을 수 없다' 라고 화가 치밀어 오르는 것을 피할 수 있을 것입니다.

부처님은 "분노는 모든 공덕을 태운다." 라고 하시며 분노의 무서움, 헛됨을 경계하셨습니다. 비난받고 헐뜯음 당하는 것이 인간의 숙명인 것을 깨달으면 분노의 불꽃을 끌 수 있습니다.

하지만 상대에게 이런 이해를 바랄 수는 없습니다. 상대가 이쪽의 말, 태도에 어떻게 반응하는가는 알 수 없습니다. 그러므로 상대가 '이 사람이 옛날 일을 발설하는 것은 아닐까' 라는 염려를 하지 않도록 행동하는 것이 중요합니다.

본인에게 말하지 않더라도 다른 누군가에게 발설하면 언젠가는 당사자에게 전해집니다. 이 이야기가 퍼질 일은 없다고 생각할지 모르지만, 그 이야기를 들은 사람이 성인이 아닌 이상 말은 꼬리에 꼬리를 물고 퍼져나갑니다. 그러면 내가 한 말이 몇 배 부풀어서 당사자의 귀에 들어가는 것이 보통입니다. 그 결과는 명백합니다. 상대는 반발하고 그것이 이쪽에 전해집니다.

험담을 하지 말 것, 사람을 비난하지 말 것, 알고 있다는 태도를 조금도 비추지 말 것, 이것이야말로 인간관계를 유지하고 개선하는 데 가장 필요한 것입니다.

손님을 맞을 때는 혼자 있는 것처럼,
혼자 있을 때는 손님을 맞는 것처럼

—샤쿠 소엔[釋宗演] : 임제종 엔가쿠지[圓覺寺]파(가마쿠라) 관장, 1919년 입적

샤쿠 소엔 스님의 좌우명 중 하나입니다. "손님을 맞을 때는 혼자 있는 것처럼, 혼자 있을 때는 손님을 맞는 것처럼" 행동하라고 하십니다.

우리들은 타인과 이야기할 때는 긴장하거나 자만하거나 상대를 얕보는 듯한 태도를 취합니다. 그것은 평상심이 아니라서 그렇습니다. 타인을 대할 때는 혼자 있을 때와 같은 마음가짐으로 있어야 한다는 말씀입니다.

반대로 혼자 있을 때는 타인을 대하는 듯한 태도를 가지면 틀림이 없다는 것입니다. 실제로 혼자 있을 때 사람은 잘못을 저지르기 쉽습니다. 술을 먹고 번화가에서 여성에게 성폭력을 하여

지위를 잃은 국회의원도 있습니다. 전차에서 여성에게 손을 댔다가 체포된 교장선생도 있습니다. 친구나 일행과 함께 있었다면 결코 하지 않았을 일을 혼자였기에 해버린 것입니다.

에도 시대에 현재의 임제종의 기반을 쌓은 하쿠인선사도 이를 깨달아 "혼자 있을 때 대중 가운데라고 생각하면 경솔함이 없을 것이다."라고 하셨습니다.

한 순간 마음의 틈이 생겨 인생이 송두리째 흔들린 사람은 많습니다. 그것은 혼자 있을 때 조심하지 않아서입니다. 혼자 있을 때의 '인간관계' 를 조심하지 않아서입니다. 즉, 혼자 있을 때에 자신과 좋은 인간관계를 만드는 일이 중요합니다. 나의 본능이 평소의 내가 아닌 사람을 만들어 버리기에 실수하게 되는 것입니다.

특히 술을 마신 후 혼자 있는 것을 피해야 합니다. 어떤 사람은 "술자리 후에는 반드시 지인과 걷고, 그 후 택시 등을 타고 곧바로 집에 가야 한다. 혼자 있을 때 실수할 것을 생각하면 택시비도 싸다." 라고 말합니다.

사람은 다른 사람과 함께 있을 때에는 의외로 실수하지 않습니다. 혼자 되었을 때, 그때야말로 그 사람의 본질이 실험대에 오르는 것입니다. 그러므로 소엔 스님, 하쿠인선사가 말씀하신 것처럼 항상 타인과 함께 있는 것처럼 행동하는 것이 실수하지 않는 방법입니다.

• 젊은이를 위축시키는 비난

애늙은이를 만들지 마라

― 아사히나 소겐[朝比奈宗原] : 임제종 엔가쿠지[圓覺寺]파(가마쿠라) 관장, 1979년 입적

철학자인 니시다 키타로西田幾多郎가 참선에 열심이었다는 것은 잘 알려져 있습니다. 어느 날, 수행과 수행 사이의 휴식 기간에 젊은 승려가 씨름을 하는 등 소동을 피웠습니다. 니시다 박사는 "이 무슨 도심이 결여된 태도인가! 수행자라면 더욱 진지하게 하루하루를 보내야 되지 않는가?"라고 쓰고 있습니다. 이에 대해 아사히나 소겐 스님은 "언제나 긴장하고 수행만을 생각하는 것은 물론 바람직하다. 하지만 이런 사람은 자칫하면 냄새가 두려워 향을 피우지 않고, 방귀도 뀌지 못하는 무기력한 인간이 될 가능성이 있다. 놀 때는 놀고 수행할 때는 수행하는 것이 중요하다."라고 말씀하시며 '애늙은이'를 만드는 일을 경계하셨습니다.

세키 보쿠오 스님은 스승인 세이세츠 스님에 대해 다음과 같

이 적으셨습니다.

"스승은 제자를 잘 알고 있었다. 하지만 대부분의 일은 모르는 척 넘어가셨다. 어느 날 '제자를 기르는 것은 찬합을 나무공이로 씻는 마음으로 해야 한다'고 말씀하셨다. 찬합의 구석을 이쑤시개로 깨끗하게 청소한다는 말도 있지만, 그렇게 하면 키울 수 없다는 것이다. 젊을 때의 실패를 책망해서는 안 된다."

최근 일본에서는 다른 사람의 행동을 강하게 비판하는 풍조가 있습니다. 일본 국내에서 수천 번이나 열리는 성인식에서 젊은이가 소동을 벌인 일에 대해 곧 '무분별한 젊은이다'라고 화제에 올립니다. 물론 그들의 행동은 칭찬할 만한 것은 아닙니다. 떠들썩하게 지내고 싶은, 흥이 나서 도가 지나친 단순한 바람을 너무 억누르는 것은 젊은이를 위축시켜서 큰 포부로 사회를 변화시키겠다는 의욕을 없애게 됩니다.

젊은이의 실패에 대해서는 작은 일은 눈감아 주는 도량이 필요합니다. 그렇지 않으면 타인의 눈만을 의식하는 인간이 되어 가장 중요한 수행, 노력에 전념할 수 없는 인간을 만들게 되는 것입니다.

놀랄 만큼 잔인한 범죄를 저지른 청년에 대해 은사와 주위의 사람들이 "어렸을 때는 우수했고 정말로 착한 아이였다."라고 술회하는 것을 TV에서 자주 봅니다. 젊은이를 억누르면 그때만 착한 아이가 되고 장래에는 도리어 자신을 억제할 수 없는 사람을 만들고 마는 것입니다.

제 5 장

나이 드는 것이 신경 쓰인다면

수행을 이루었거나 깨달음의 극치에 도달했다고 하는 부처님과 달마대사조차 "이 세상에서는 영원히 살 수 없으며 반드시 죽음을 맞는다. 그러므로 우리도 죽음을 피할 수 없는 것이다."라고 깨우치며, 죽음을 맞는 사람을 위로하며 독려하고 있습니다.

예외가 있다는 것을 알면 그 예외를 바라기 때문에 마음이 평온하지 않습니다. 하지만 죽음에는 예외가 없습니다. 어떤 고귀한 사람이든, 깨달음을 얻은 사람이든, 가난한 사람이든 죽음은 누구에게나 찾아오는 것입니다.

• 싫은 바람에도 버드나무는 나부낀다

행복이란 부모가 죽고, 자녀가 죽고, 손자가 죽는 것이다

― 센가이 기본[仙厓義梵] : 그림에 능했던 에도 시대의 선승

센가이화상은 에도 시대 후기의 선승입니다. 서화에 능했는데, 그 글은 문화재로 지정되기도 했습니다.

센가이화상의 유명한 글 중에 "마음에 들지 않는 바람에도 버드나무는"이라는 구절이 있는데, 이 '구句'에는 바람에 버들가지가 흔들리는 그림이 묘사되어 있습니다. 버드나무도 싫어하는 바람이 있을 지도 모르지만, 버드나무는 어디선가 바람이 불어오면 가지를 나부끼며 따라간다는 것입니다.

어느 날 주군의 아버지가 돌아가셔서 문중은 비탄에 잠겼습니다. 센가이화상은 "행복은 부모가 돌아가고, 자녀가 죽고, 손자가 죽는 것이다. 불행은 손자가 죽고, 자녀가 죽고, 부모가 세

상을 뜨는 것이다.”라고 말하며 모두를 위로했습니다.

　실제로 손자가 먼저 세상을 떠나는 일이 있으면 조부모는 슬픔으로 세월을 보낼 것입니다. 자식을 앞세우는 일도 마찬가지입니다. 인간은 언젠가는 죽는데, 그렇다면 나이를 먹은 사람부터 순서로 죽는 것이 행복이라는 이야기입니다.

　우리들은 원래 영원히 계속되는 부처의 마음을 가지고 있다고 석가모니 부처님은 깨달으셨습니다. 그리고 죽음은 그 부처의 마음으로 돌아가는 것이라는 깨달음도 얻으셨습니다. 우리들이 살아있는 동안에는 이 육체에 얽매여 부처의 마음을 깨닫지 못하고 자신과 타인을 차별하고 있습니다.

　일본 임제종의 개조 에이사榮西선사도 “마음은 하늘보다도 크고 바다보다도 깊다.”라고 말씀하셨습니다. 또, 마음은 우주에 충만한 것이라고도 하셨습니다. 죽음은 존재에서 무無가 되는 것이 아니라 이 본래의 마음의 세계로 돌아가는 것입니다.

　부처님이 열반하실 때 아들인 라훌라는 홀로 슬픔에 빠졌습니다. 부처님은 라훌라를 불러 “지금까지 육체가 있는 동안은 너와 함께 있을 수도 있었지만 떨어져야 할 때도 있었다. 하지만 내가 열반에 들면 항상 너와 함께 있어 헤어지는 일은 없을 것이다.”라고 말씀하셨습니다. 돌아가신 분이 정토에 계신다는 것도 이런 일을 말하는 것입니다. 일본에서 돌아가신 분을 ‘부처님’이라고 부르는 것도 마찬가지입니다. 모든 사람은 부처님과 같이 마음의 세계에 들어간 것입니다.

이렇게 말해도 가까운 사람이 죽으면 슬픔에 빠지는 것은 당연합니다. 깨달음을 얻은 센가이화상도 이 사실을 전제하고, 죽어야만 하는 존재인 이상 죽음은 피할 수 없지만 자신이 자식이나 손자보다 먼저 가는 것이 그 반대 경우에 비하면 얼마나 행복인가 생각해 보라는 논리를 편 것입니다.

그렇다면 센가이화상 자신은 죽음을 맞을 때 어떠했을까요. 센가이화상의 죽음이 임박했을 때 어느 신자가 한 말씀을 해달라고 청하자 "죽고 싶지 않다."라고 말씀하셨습니다. 신자는 놀라며 "화상같이 깨달음을 얻은 분께서 그런 말씀을 하시면 곤란합니다."라고 말했습니다. 그러자 센가이화상은 "참으로 죽고 싶지 않구나!"라고 하셨다고 합니다.

이 의미 깊은 임종의 말씀을 어떻게 해석하면 좋을까요? 엔가쿠지의 샤쿠 소엔 스님 역시 중병에서 살아나자 "죽고 싶지 않다고 생각했다."라고 말씀하시고 "나는 사회에 돌려주지 못한 은혜가 많아서 아직 죽으면 안 된다고 통감했다."라고 술회하셨습니다.

센가이화상도 같은 생각으로 "죽고 싶지 않다."라고 말씀하신 것은 아닐까요. 죽음을 넘는 선의 본질을 체득하셨던 두 분이라면 말입니다.

• 아무리 뛰어난 사람이라도 죽음은 피할 수 없다

태어나면 죽는 것이로다,
석가도 달마도 고양이도 국자도 모두

– 잇큐선사[一休禪師] : 무로마치 시대의 선승, 잇큐[一休]의 모델이 되었던 기승

종교의 가장 중요한 목적은 '죽음을 어떻게 생각하고, 어떻게 죽음에 대한 마음가짐을 가지느냐' 하는 것이겠지요.

선의 공안*을 모은 《무문관》의 제1칙이 '조주구자趙州拘子' 라는 공안입니다. 만약 당신이 참선을 한다면 99%의 확률로 이 공안을 받을 것입니다. 조금 설명을 하면, 부처님이 깨달음을 얻을 때 "불가사의하다. 이 세상의 중생은 모두 부처의 마음을 가졌으며 이미 깨닫고 있다." 라고 말씀하셨습니다.

*공안(公案) : 스승이 제자를 깨달음으로 인도하기 위한 답문. 제자는 세속의 이유가 아닌 직관으로 답하기 때문에 제3자에게는 의미 불명으로 생각되는 경우가 많다. 그래서 '선문답' 이라는 말도 생겼다.

그것을 다룬 문제로 선종 사상 가장 유명한 공안입니다.

어느 날, 조주선사의 처소에 선승이 방문했습니다. 마침 그때 마당에서 강아지가 울고 있었습니다. 선승은 "부처님께서는 모든 생물에 불성이 있다고 말씀하셨는데, 저 강아지에게도 불성이 있을까요?" 하고 물었습니다. 이 질문에 조주선사는 다만 "없다."라고 말씀하셨습니다.

이 공안을 돌파하고 깨달음을 얻으려면 어떻게 하면 좋을까 하는 것을 《무문관》을 엮은 무문선사는 "360개의 각각의 뼈와 8만 4천의 모공 전부를 사용하여 이 공안을 생각하라. 밤낮 이 공안을 생각하되 결코 '무無'라고 해서 허무의 생각아무것도 없다는 생각에 사로잡히지 마라. 또한 '있다, 없다'의 '무無'라고 생각하지도 마라."라고 하시고, 깨닫는다면 "생사의 언덕에서 대자재大自在를 얻고, 육도사생을 향해 유희삼매 이루라."라고 말씀하셨습니다.

육도반항심으로 가득 찬 수라도, 본능에 사로잡힌 축생도, 가지고 싶어 참을 수 없는 아귀도, 괴로운 지옥도, 인간으로 태어나는 인간도, 더욱 높은 부처의 세계인 천상도는 윤회의 여섯 가지 길입니다. 사후는 전생의 인연에 따라 이것을 되풀이합니다. 또 사생인간이나 짐승처럼 어미의 태에서 태어나는 태생, 조류처럼 알에서 태어나는 난생, 벌레처럼 온기 속에서 태어나는 온생, 하늘의 신처럼 과거의 업의 힘으로 돌연히 태어나는 화생은 불교에 있어서 생명으로 태어나는 네 가지 방법입니다. 깨달음을 얻으면 이 여섯 가지의 도, 또한 네 가지의 태어나는 방법 어디라도, 어느 것이라도 태연히 즐기면서 존재할 수 있게 된다고 불교에서는 생각합니다. 특히 생사의 경계에서 당황하거나 두려워하는 일 없이 자유자재로 죽음에 직면할 수 있게 된다고 합니다.

불교에서는 인간에게는 생사에 관한 네 가지의 괴로움과 인생의 네 가지의 괴로움이 있다고 합니다. 생사에 관한 네 가지 괴로움이란 '생로병사' 입니다. 태어나는 것 자체가 고苦라는 것은 현대 사회에서는 이해하기 어렵겠지만 늙고, 병들고, 죽는 것이 괴로움이라는 것은 쉽게 이해가 갑니다. 인생의 네 가지의 괴로움은 예를 들어 좋아하지도 않는 사람과 만나야만 하는 괴로움, 좋아하는 사람과 언젠가는 헤어져야 하는 괴로움 등 우리들이 반드시 경험하는 고뇌를 들고 있습니다.

이중에서도 가장 우리들을 괴롭히는 '죽음' 이라는 것에 대해서 어떤 마음가짐을 가지면 좋은지를 나타낸 것이 여기에서 든 잇큐선사의 시입니다.

수행을 이루었거나 깨달음의 극치에 도달했다고 하는 부처님과 달마대사조차 "이 세상에서는 영원히 살 수 없으며 반드시 죽음을 맞는다. 그러므로 우리도 죽음을 피할 수 없는 것이다."

라고 깨우치며, 죽음을 맞는 사람을 위로하며 독려하고 있습니다.

예외가 있다는 것을 알면 그 예외를 바라기 때문에 마음이 평온하지 않습니다. 하지만 죽음에는 예외가 없습니다. 어떤 고귀한 사람이든, 깨달음을 얻은 사람이든, 가난한 사람이든 죽음은 누구에게나 찾아오는 것입니다. 그러므로 '자신만은……' 이라는 생각은 가당치 않다는 것이 이 시의 가르침입니다.

이 세상에는 죽으러 왔다고 생각하라

– 다쿠안선사 : 에도 시대의 선승

이것은 원래 다쿠안선사가 처음으로 하신 말씀이 아닌 것 같습니다. 다쿠안선사가 신가게류新陰流로 유명한 야규우 다지마노가미에게 선의 마음에 기반을 두고 검의 마음가짐을 설명했을 때의 하신 말씀으로 널리 알려져 있습니다. 죽음을 두려워하는 우리들에 대해 "이 세상에서는 살아가고 있다는 것이 예외이고 죽음이 보편적인 일이다. 죽기 위해서 이 세상에 태어났다고 생각해야 마땅하다." 라고 말씀하셨습니다.

잇큐선사도 "빌려온 사대오온四大五蘊, 오늘에야 되갚네." 라고 말씀하셨습니다. '사대四大' 는 우주를 이루고 있는 네 가지 소재인 흙, 물, 불, 바람을 가리킵니다. 이것은 인체 조직의 원소이기도 합니다.

'오온五蘊'이란 색色:육체와 물질, 수受:감각, 상想:판단, 행行:의욕, 식識: 경험과 지식의 다섯 가지의 무더기 입니다. 오온은 '자신'의 대명사 입니다. '자신'은 육체나 물질색과 정신수, 상, 행, 식이 조합을 이뤄 존재하고 있습니다.

즉, 자신의 육체도 정신도 본래 자신의 것이 아니라 우주의 소재가 조합되어 만들어진 것입니다. 우리들은 우주 가득 펼쳐진 존재였습니다. 생을 부여받을 때 우주의 소재를 빌려서 육체도 정신도 만들었으므로 언젠가는 돌려줘야 합니다. 그러므로 잇큐선사는 "이 몸도 정신도 모두 빌린 물건이다. 그것을 죽는 오늘 우주에 돌려준다." 라고 말씀하셨습니다.

죽음만큼 평등한 것은 없습니다. 이 세상의 것은 모두 허위로 가득 차 있지만 죽음은 빈부, 귀천을 묻지 않고 찾아오므로 결코 속이는 일은 불가능합니다. '죽는 것만이 참되다' 고 읊은 분도 있습니다.

텟슈회야마오카 텟슈를 존경하는 사람들의 모임의 지도자 오모리 소겐大森曹玄 스님은 "사람은 죽음에 대해 생각하면 정신이 순화된다." 라고 말씀하셨습니다. 즉, 죽음을 생각하면 죽음의 절대성, 속임이 없는 것을 통감합니다. 그리고 그 괴로움에서 벗어나기 위해 정신 세계에 관심을 가지게 된다고 하는 것입니다.

제 6 장

자신을 잃을 것 같다면

인과의 법칙에 의하면 우리들이 곤란에 직면하게 되는 것은
과거 업의 빛 독촉을 받기 때문입니다.
우리들은 과거 생에서도 자신이 의식하지 못하는 사이
타인에게 상처를 주고 죄를 짓는 악업을 쌓았기 때문에
언젠가는 빛을 갚아야만 합니다. 지금의 곤란은 그 악업의 대가입니다.

• 당신의 부족과 불만이 무엇이기에

일어서면 반 평, 누우면 한 평

– 이다 도인[飯田欓隱] : 의사 출신의 선승, 1937년 입적

이다 도인 스님은 도쿄제국대학의 의학부를 졸업하고 코마코메 병원에 재직하던 중에 전염병으로 많은 환자가 사망하는 것을 보고 선에 뜻을 두었습니다. 1886년부터 나카하라 도슈中原鄧州 스님 밑에서 참선하고 후쿠시마현에 의원을 개업했습니다. 병원은 문전성시를 이룰 만큼 환자가 많았습니다. 도인 스님은 1917년에 의업을 접고 거사재가의 수행자로서 포교에 전념하게 되는데, 1920년 조동종의 하라다 소가쿠原田祖岳 스님을 상견相見하고 1922년 오바마의 홋신지發心寺에서 출가했습니다.

환자들의 신뢰를 얻은 도인 스님의 병원은 항상 초만원이었습니다. 그럼에도 불구하고 마음의 문제를 해결하고 선의 본질을 사람들에게 전하고자 의사를 그만 둔 것입니다. 거사의 몸으

로 포교를 했기에 수입은 거의 없을 테지요. 하지만 굳이 마음의 길을 선택한 것입니다.

거사가 되었을 때의 말씀이 "일어서면 반 평, 누우면 한 평"입니다. 즉, 인간이 살아가기 위해서는 커다란 집 같은 것은 필요 없으니 다다미가 반 장 있으면 서 있을 수 있고, 한 장 있으면 눕기에 충분하다고 말씀하신 것입니다. 늘 이런 생각을 하셨겠지만, 인생의 전환기에 이 말씀을 하신 것에 의의가 있다고 봅니다.

도인 스님은 "맨몸으로 태어났는데 뭐가 부족한가?"라는 말씀도 하셨습니다. 우리들은 저게 갖고 싶다, 이건 싫다고 말하며 가지고 싶은 것을 얻지 못하면 고민하고, 하고 싶지 않은 일을 하거나 싫은 사람과 함께 있으면 재미없다고 불평하는 인생을 살고 있습니다.

특히 사회는 물욕을 자극합니다. 가지고 싶은 것은 많고 타인이 나보다 좋은 집에 살고, 좋은 대학을 나오고, 좋은 회사에 입사했다는 것만으로 매일이 불행해집니다. 이런 물욕에 물든 우리들이 태어났을 때는 맨몸이 아니었나, 그런데 지금까지 살아오면서 여러 가지 것을 몸에 지녀 소유하고 있는데 무엇이 부족하고 불만인가 하는 것이 이 구절의 의미입니다.

앞에 언급한 도인 스님의 말씀도 마찬가지입니다. '우리들이 살아가는 데는 사치는 필요 없으니, 가장 중요한 것은 마음의 고민을 해결하고, 평안 속에서 지내는 것'이라고 말씀하신 것입니다.

• 자신을 부정하지 마라

'나 같은 사람'이라고 말할 만한 자기는 없다

― 나카가와 소엔[中川宋淵] : 류타쿠지[龍澤寺](시즈오카) 주지, 1984년 입적

1950년대에 나카가와 소엔 스님은 매월 도쿄 타이토구에 있는 젠쇼안全生庵에서 제창을 하셨습니다. 당시 전쇼안은 판잣집으로 정례 모임에 가 보면 현관에 있는 커다란 쟁반에 기부금이 아무렇게나 쌓여있고, 그것을 감시하는 사람도 없었습니다.

어느 날 소엔 스님은 제창 도중에 작가인 다카미 준高見順의 이야기를 하셨습니다.

다카미 준은 스님과 고등학교 동창인데, 암으로 세상을 떴습니다. 스님은 "내가 다카미의 방에 들어갔을 때 다카미는 이미 의식이 없었다. 나는 다카미가 숨을 들이마실 때 함께 숨을 들이마시고 내뱉을 때에 같이 내뱉었다. 내가 숨을 멈추자 다카미도 숨을 멈추었다. 그때 다카미의 두 눈에서 눈물이 흘렀다." 라고

말씀하셨습니다.

당시 나는 임사 체험에 대해서는 알지 못했는데 직감적으로 '한 시대의 고승이라고 불리는 소엔 스님이 함께 호흡을 해준 기쁨이 무의식에 빠진 다카미의 마음을 움직여 눈물이 나온 것이다' 라고 생각했습니다.

그리고 1955년 무렵의 일입니다. 봄방학을 맞아 고향인 시미즈에 돌아가 아무 생각 없이 라디오를 듣고 있었습니다. 당시 시즈오카의 NHK가 매주 〈시대를 대표하는 인물〉이라는 15분짜리 인터뷰 프로그램을 아침 6시 반경에 방송하고 있었습니다.

그 날은 류타쿠지의 야마모토 겐뽀 스님이 입적한 뒤를 이어 나카가와 소엔 스님이 주지로 입산하던 날이었습니다. 젊은 아나운서는 "선은 무엇인가?", "불교는 무엇인가?" 등을 물었고 점잖으신 소엔 스님은 아주 난처해하시며 "이런 이야기가 나올 줄은 몰랐다." 라고 말씀하셨습니다.

방송이 마무리될 무렵 아나운서가 "그런데 저 같은 사람도 깨달음을 얻을 수 있을까요?" 라고 묻자 소엔 스님은 '나 같은 사람도' 이렇게 말씀하시면 안 됩니다. 당신도 부처님과 마찬가지로 청정한 마음의 소유자니까요." 라고 말씀하셨습니다.

나는 이 방송을 듣고 '이런 말은 아무나 할 수 있는 것이 아니다' 라고 생각했습니다. 선에서는 '우리들은 모두 깨닫고 있다. 이대로가 좋은 것이다' 라는 생각을 강하게 부정합니다. 즉, 원

래는 부처이지만, 수행을 해서 마음 주변의 어두운 구름을 걷어
내야 한다는 것입니다.

소엔 스님은 물론 이런 것은 잘 알고 계십니다. 그래도 이 헤
매는 청년을 구하기 위해 자비의 마음을 가지고 "당신은 부처입
니다."라고 깨우치신 것입니다. '나 같은 별 볼일 없는 사람'이
라고 할만한 자신은 존재하지 않는다고 말씀하신 것입니다.

우리들은 항상 실패를 겪으면 더욱 분발하겠다고 다짐해도
그다지 마음먹은 대로 되지 않고 곧 나태해 집니다. 이런 자신의
성격과 생활 방식을 생각하면 그만 '나 같은 별 볼일 없는 사람'
이라고 말하고 싶어집니다. 소엔 스님은 그런 생각은 하지 말고
더욱 자신을 소중히 여기라고 말씀하신 것입니다.

소엔 스님은 하이쿠 시인으로도 잘 알려져 있습니다. 몇 구절
소개하겠습니다.

"그대가 가는 밤은 아름다운 하늘의 강"
"아깝도다, 풀숲마다 달빛은 빛나고"
"산은 서늘하고 가르침의 그물 이제는 서동西東으로"

• 모르는 사이에 쌓인 악업의 빚을 갚기 위해

8전9기

― 이나바 신덴[稻葉心田] : 임제종 고쿠타이[國泰寺]파(후쿠야마) 관장, 1986년 입적

우리들은 자주 '7전8기' 라는 말을 듣습니다. 몇 번 쓰러져도 다시 일어나 나아가라는 뜻이겠지요. 이나바 신덴 스님은 여기에 또 한 번 쓰러져도 일어나라고 말씀하셨습니다.

이 말씀은 스님의 경험에서 우러난 것입니다. '이제 틀렸다' 라는 시기가 몇 번이나 닥쳐도 '좋아 다시 시작하자' 라고 일어서면 되는 것입니다.

츠지 소우메이[辻雙明] 스님은 대학 시절부터 엔가쿠지[圓覺寺]의 후루카와 교도 스님 밑에서 참선했습니다. 졸업식 때 교도 스님께 뭔가 한 말씀 해주십사 청하자 "일곱 번 넘어지면 여덟 번 일어나라." 라고 말씀하셨던 것입니다.

이렇게 선의 지도자가 똑같이 몇 번 넘어져도 또 일어나라고

하신 것이 흥미진진합니다. 인간은 몇 번 실패하고 나면 이제 안된다, 나 같은 건 뭘 해도 잘 안 풀린다며 노력을 중단하는 사람이 많다는 것을 의미하는 것이겠지요. 또, 이까짓 것 하고 일어난 후 길이 열려서 잘되는 사람도 많다는 것을 나타내는 것입니다.

선의 입장에서 볼 때 이 말씀에는 깊은 의미가 있습니다. 인과의 법칙에 의하면 우리들이 곤란에 직면하게 되는 것은 과거 업의 빚 독촉을 받기 때문입니다. 우리들은 과거 생에서도 자신이 의식하지 못하는 사이 타인을 상처 주고 죄를 짓는 악업을 쌓았기 때문에 언젠가는 빚을 갚아야만 합니다. 지금의 곤란은 그 악업의 대가입니다.

한편 '다시 시작하자' 고 노력하는 것도 중요합니다. 이것은 선업이 되어 운명의 예금이 쌓이게 됩니다. 즉, 한 번 넘어지고 두 번 일어나면 업의 저금은 불어납니다. 단념하면 빚 갚기를 미루는 꼴이 되어 이자가 붙어서 업의 빚은 더욱 늘어납니다.

이나바 스님은 좌선에서 일어날 때, 커다란 목소리로 "8전9기!" 라고 외치며 일어나라고 말씀하셨습니다.

마음이 청정하면 명예와 지위, 복록은 자연히 따른다

― 무소[夢窓]국사 : 무로마치 시대의 선승

우리들의 운명은 업에 따라 결정됩니다. 틀림없는 인과의 법칙입니다. 이 업은 3단계를 거쳐 운으로 나타납니다. 현세에서 행한 일이 현세에서 나타나는 것을 순현업順現業이라 하고, 다음 생내세에 과보를 받는 것을 순생업順生業이라 하며, 그 다음 내세에 과보가 오는 것을 순후업順後業이라고 합니다. 부처님은 이 삼세의 세계에 이르는 지혜를 가지고 인과의 법칙을 깨닫고 우리들이 어찌하면 좋을지를 가르쳐 주셨습니다.

좋은 일을 하면 좋은 운이 오는 것은 잘 알고 있지만, 우리가 알고 싶은 것은 바로 '왜 나는 이렇게 운이 나쁜 것인가, 왜 병에 걸려 죽어야만 하는가' 라는 물음에 대한 답입니다.

불교의 사상에서 말하면 지금의 빈곤은 과거 생에 구두쇠였거나 욕심쟁이였기 때문으로 고생을 끊을 수는 없습니다. 이 운을 개선하는 유일한 방법은 좋은 업을 쌓는 것입니다. 그 가운데에서도 가장 중요한 것은 앞에 말한 구절처럼 "내심의 정화"라고 무소국사는 말씀하십니다. 국사가 지은《몽중문답》에서 국사는 "가난하고 천해서 명예도 없고 이익도 없는 것은 전적으로 과거 생에서 명리를 얻기 위해 악업을 저질렀기 때문이다. 그렇기 때문에 명리를 구하는 것을 그만 두고 내심을 청정하게 하면 명예와 지위, 복록도 자연히 얻게 될 것이다." 라고 서술하고 있습니다.

야마모토 겐뽀 스님은 인연과 그 결과에 대해서 '대승 십래大乘十來'로써 열 가지의 규정을 써놓으셨습니다.

1. 부귀는 자비에서 온다.
2. 복덕은 선근에서 온다.
3. 무병은 신심에서 온다.
4. 사랑과 존경은 인내에서 온다.
5. 높은 지위는 예배에서 온다.
6. 지혜는 정진에서 온다.
7. 병은 부정함에서 온다.
8. 단명은 살생에서 온다.

9. 빈궁은 인색함에서 온다.
10. 어리석음은 파계에서 온다.

이런 규정은 살아가는 지침이 되기도 합니다. 예를 들어 병에 걸리고 싶지 않다는 생각은 누구나 가지고 있겠지요. 그러려면 신심을 가질 것, 특히 선조를 존경하고 마음을 정갈하게 하고 무익한 살생을 금하면 됩니다.

돈이 있으면 무엇이든 해도 된다, 지위가 있으면 어떻게 해도 된다는 것이 아닙니다. 어느 고승은 매일의 끼니를 조금씩 줄여 남은 것은 자식과 손자에게 주라고 말씀하셨습니다. 즉, 지금 돈이 있어서 뭐든 마음대로 살 수 있고 뭐든 마음대로 먹을 수 있다고 해서 자신의 건강 유지에 필요한 이상의 살생을 한다는 것은, 자신의 악업을 쌓는 것뿐만 아니라 자손의 몫까지 악업을 쌓고 말아 그들에게 생각지도 않은 불운이 닥치게 되는 것입니다. 동물에게 괴로움을 주는 방법으로 요리된 고가의 음식을 즐거운 미식이라고 칭하는 사람들에 대한 경고의 말씀입니다.

그 자도 결국 죽을 것이다

– 아사히나 소겐[朝比奈宗原]

아사히나 소겐 스님의 지인인 선승이 어느 절에 주지를 맡고 있었습니다. 그는 노름을 좋아해서 마을 사람들을 모아 노름을 즐겼는데, 졌을 때는 "그 자도 결국 죽을 거야."라고 혼잣말을 했다고 합니다.

《작은 일에 전전긍긍하지 마라》를 쓴 리처드 칼슨도 "백 년이 지나면 다 죽고 아무도 없다. 그렇게 생각하면 마음이 편해진다."라고 했습니다. 그는 "시간의 흐름 속에서 백 년은 그렇게 길지 않다. 하지만 확실한 것은 하나 있다. 지금부터 백 년 후 우리가 이 지구상에 없을 것이라는 것이다. 그것을 염두에 두면 인생의 위기와 스트레스에 둘러싸였을 때에도 객관적인 시야를 가질 수 있다."라고 썼습니다.

칼슨은 또 현재 안고 있는 문제에 대해 일 년 후에 생각한다고 하면 그때 지금의 문제가 얼마나 중요할까 생각해 보라고 말합니다. 즉, 일 년 지나면 지금 일어난 일은 모두 과거의 일이 되는 것입니다. 이렇게 생각하면 눈앞의 일에 얽매이지 않게 됩니다.

"그 자도 결국은 죽는다."라는 말은 왠지 유머가 담겨 있어 소겐 스님도 쓰셨겠지요. '그런 놈은 죽어버려라' 라는 음험한 느낌은 없습니다. '그러니까 신경 쓰지 마' 라고 스스로 자신을 다독이는 느낌이 들어 있습니다.

우리들은 일에 말려들면 자신을 객관적으로 보는 여유를 잃어버립니다. 그리고 '이게 잘 진행되지 않으면 끝장이야' 라는 비통한 생각에서 어떻게 해도 헤어 나올 수 없습니다. 이럴 때에 잠시 자신을 객관적으로 바라볼 수 있는 말을 지니고 있으면 매우 기분이 편해지고 스트레스에서 벗어날 수 있습니다. 그 자도 나도 세월이 가면 죽는다는 말씀은 유머러스하면서 자신이 놓인 입장을 객관적으로 보여줍니다.

제 7 장

생활 태도가 흔들린다면

미루고 싶다, 게으름 피우고 싶다고 생각하는 것은 인간의 본성입니다.
물론 미뤄서 하지 않아도 된다면 그렇게 좋은 일은 없겠지요.
하지만 대부분의 일이 언젠가는 해야 하는 것입니다.
미루고 하지 않는 동안은 진행이 원만하게 이루어 지지 않습니다.
만약 그렇다면 빨리 일을 마치는 것이 좋습니다.
그러면 괴로운 일은 끝나고 편하게 됩니다.

• 무지의 응보는 반드시 있다

젊은 시절에 부덕했던 사람의 말년은 반드시 나쁘다

− 후루카와 교도[古川堯道] : 임제종 엔가쿠지[圓覺寺]파(가마쿠라) 관장,
아사히나 소겐 스님의 스승, 1961년 입적

업의 결과는 현세, 내세, 그 다음 내세에 나타난다고 말씀드렸습니다. 하지만 인생은 길어서 젊을 때에 행한 결과는 만년에 '과果'로 나타납니다. 후루카와 교도 스님의 말씀은 이것을 나타내고 있습니다.

교도 스님도 그 밑에서 참선했으며 한 시기, 일세를 풍미한 선승, 나카하라 도슈中原鄧州 스님은 별명이 난텐보南天棒 스님이었습니다. 이 별명은 수행 중에 잠이 들면 자신의 손등을 남천축 막대로 때려서 눈을 뜨게 했다는 일화에서 유래했습니다. 실제 교도 스님이 참선했을 때에는 손등이 혹투성이였다고 합니다.

난텐보 스님은 호쾌한 분으로 전국의 승당을 방문해 선문답을 해서 답하지 못하는 승려의 인가_{스승이 제자에게 내리는 깨달음을 얻었다는 증명}를 박탈하겠다고 하며 다니셨습니다. 교도 스님은 "그런 부덕한 짓을 하셔서는 안 되는데…….."라며 미간을 찌푸리셨습니다.

난텐보 스님은 만년이 되어 "나는 어느 달 어느 날에 죽을 테니까 그날 장례식을 해라."라고 문하, 신도들에게 말하고, 그날이 되자 스스로 관 속에 들어갔습니다. 사람들이 많이 모인 가운데 독경 소리가 울려 퍼지고 장례식이 거행되었는데, 난텐보 스님은 죽지 않고 다시 관에서 일어나서서 이치에 닿지 않는 핑계를 대며 장례식을 끝내버렸습니다.

이 일로 난텐보 스님의 평판은 떨어지고 차마 볼 수 없을 정도로 초라해졌습니다. 교도 스님은 "난텐보 스님은 선의 깨달음에서는 훌륭하셨지만 그런 부도덕한 일을 했기에 만년이 좋지 않았다."라고 말씀하셨습니다.

또, 세키 세이세츠 스님은 "깨달음과 덕은 별개이다."라고 말씀하시며 깨달음을 얻어도 덕이 부족하면 자신뿐만이 아니라 그 일파의 흐름이 없어진다고 말씀하셨습니다. 더구나 "젊을 때 활약이 두드러져도 만년에 잊혀지는 사람도 있고, 젊을 때는 상대가 되지 않아도 만년이 되어 인정받는 사람도 있다. 모두 인연과 노력이다."라고 말씀하셨습니다.

괴로움에서 헤어나기 위해서는
빨리 괴로움에 뛰어들어야 한다

−세키 보쿠오[關牧翁]

세키 보쿠오 스님의 책에 있는 말씀인데, 나는 직접 들은 적이 있습니다. 나는 '인생을 어떻게 살아야 하는가?' 라는 질문에 이처럼 중요한 말씀은 없다고 생각합니다.

이것은 모든 일에 해당되지만 여기서는 좌선에 대해서 말해 보겠습니다. 이 책의 권두에 쓴 이야기인데, 다시 한 번 되풀이 하겠습니다.

좌선에는 반가부좌라고 해서 한쪽 다리를 반대편 허벅지 위에 올리는 자세와 결가부좌라고 해서 양 다리를 반대쪽의 허벅지에 올리는 방법이 있습니다. 좌선을 시작했을 무렵에는 줄곧 반가부좌를 했습니다. 한쪽 다리를 올리는 반가부좌도 30분 앉아있으면 다리가 아파옵니다. 그러니 양쪽의 다리를 반대쪽 허벅지에 올리는 것은 엄두도 못 내고 계속 반가부좌를 했습니다.

그런데 시간이 지나도 심경에 진전이 없었습니다. 어느 날 선의 선배가 "반가부좌는 심경의 진보가 결가부좌에 비하면 몇 분의 일도 되지 않는다."라고 말해주었지만 통증을 생각해 결단을 내리지 못했습니다.

하지만 너무 진전이 없어서 결심을 하고 결가부좌를 해보았습니다. 그러자 처음에는 다리가 아팠지만 곧 통증이 잦아들었습니다. 선에서는 정신을 집중하는 일을 '정定' 이라고 합니다. 정에 들어가면 통증이 약해진다고 들었는데 정말 말 그대로였습니다. 이런 경험을 하고 나니 좀 더 빨리 결가부좌를 틀 걸 그랬다는 생각이 들었습니다.

다음은 호흡입니다. 츠지 소우메이辻雙明 스님은 특히 호흡에 관심이 많아서 "좌선을 해도 호흡을 천천히 하지 않으면 별 의미가 없다."라고 말씀하셨습니다. 하지만 나는 정신의 통일과 호흡에는 직접 관계가 없을 것이라고 생각했고, 다른 책에서도 호흡을 아주 천천히 하라는 설명이 없었으므로 호흡을 천천히 하는 공부를 하지 않았습니다.

이것도 심경의 진전이 너무 없었던 것이 계기였지만, 어느 날 스님이 권한 것처럼 호흡을 천천히 하고 좌선을 했습니다. 그러자 말씀하신 대로 정신통일이 잘되었습니다.

그 후 일을 하는 데도 "괴로움에서 헤어나기 위해서는 빨리 괴로움에 뛰어들어야 한다."라는 말씀이 옳다고 하는 것을 누차 느끼고 있습니다. 최근에 일입니다만, 컴퓨터를 매킨토시에서 보급률이 높은 윈도우로 바꿨습니다. 몇 번이나 바꾸려고 생각했는데 십 년 이상 매킨토시를 사용해 왔으므로 여러 가지 파일이 매킨토시 형식으로 보존되어 있고, 홈페이지도 고쳐야 했으므로 계속 주저했습니다. 하지만 어느 날 결심을 하고 윈도우로 바꾸었습니다. 한 달이나 걸려 모든 파일을 윈도우용으로 바꾸었는데 지금은 바꾸길 잘했다고 생각합니다.

이것은 한 예입니다. 그 밖의 일도 '만약 지금 바꾼다면 그 노력이 너무 크다. 지금의 방법으로도 그럭저럭 해나갈 수 있으니 이대로 가자'라고 생각하고 있던 것을 과감히 새로운 방법으로 바꾼 것이 좋았다고 생각합니다.

뭔가 바꿔야 하는데 그것을 미루는 것은 귀찮기 때문입니다. 그런데 세상사에는 마지막에는 꼭 바꿔야 하는 일도 있습니다. 언젠가는 바꿀 필요가 있다면 지금 하는 것이 좋다는 것이 뽀꾸오 스님의 말씀입니다.

조금 귀찮다고 생각해도 지금 뛰어들면 빨리 그 괴로움이 없어진다는 것입니다. 이것은 선에도 적용되는 이야기입니다. 나는 이 말씀을 의지하고 재가로서는 상당한 시간을 좌선에 썼습니다. 매일 오랜 시간 좌선을 하는 것은 쉽지 않았습니다. 오늘은 건너뛰자는 생각도 자주 들었습니다. 하지만 오늘 쉬면 그 만큼 심경의 진전이 늦어진다고 생각하고 자신을 채찍질하며 노력했습니다.

미루고 싶다, 게으름 피우고 싶다고 생각하는 것은 인간의 본성입니다. 물론 미뤄서 하지 않아도 된다면 그렇게 좋은 일은 없겠지요. 하지만 대부분의 일이 언젠가는 해야 하는 것입니다. 미루고 하지 않는 동안은 진행이 원만하게 이루어 지지 않습니다. 만약 그렇다면 빨리 일을 마치는 것이 좋습니다. 그러면 괴로운 일은 끝나고 편하게 됩니다.

나는 '인간은 원래 게으름뱅이' 라고 확신하고 있습니다. 나도, 당신도, 훌륭하다고 칭송받는 위인도 본래는 게으름뱅이입니다. 그것을 어떻게 바꿔서 미루지 않는 인간이 되는가는 그 사람의 인생관에 따라 달라집니다. 이 말씀은 우리들에게 새로운 인생을 만들어 주는 말씀입니다. 이 말씀을 항상 가슴에 새기고 날마다 노력하면 괴로움에서 벗어날 수 있는 것입니다.

조그만 악이라도 가벼이 여겨
재앙 없다 하지 마라

– 《법구경》

"조그만 악이라도 가벼이 여겨 재앙 없다 하지 마라. 작은 선행이라도 가벼이 여겨 복 없다 하지 마라."

우리들은 인과의 세계에 살고 있습니다. 인과는 감출 수 없습니다. 인과의 법칙은 숨길 수 없고 도망갈 수도 없습니다. 조금 나쁜 짓을 한다고 큰일은 나지 않겠지, 나쁜 결과는 되지 않겠지라고 생각하기 쉽지만, 그런 일은 없습니다. 반드시 결과는 나타납니다. 반대로 작은 선의, 호의는 그다지 의미가 없을 것이라고 여길 지도 모르나 그런 일은 없습니다. 아주 작은 선행이라도 좋은 결과를 낳는다고 《법구경》에 쓰여 있습니다.

하지만 우리들은 좋은 일을 하려고 해도 잘되지 않고, 나쁜 일을 하지 않으려고 해도 저지르게 되는 위험한 생물입니다. 동시에 행복해 지고 싶다, 재난을 만나고 싶지 않다는 생각도 강하게 가지고 있습니다. '인과는 피할 수 없는 것이라고 해도 뭔가 방법이 있지 않을까?' 하는 것이 숨길 수 없는 마음입니다. 여기에 마음가짐이 관여하는 것입니다. 마음은 100만 원의 빚을 100원으로 바꿀 수 있습니다. 긍정적으로 생각하고 감사의 마음을 가지고 사는 것은, 나쁜 원인의 영향을 적게 하고 좋은 원인의 결과를 보다 행복하게 인도합니다.

《채근담》에도 "행복은 억지로 구할 수가 없는 것이니 희신喜神을 길러서 그로써 행복을 부르는 바탕으로 삼아야 한다. 불행은 마음대로 피할 수가 없는 것이니 남을 해치려는 마음을 떠나 불행을 멀리하는 방법으로 삼아야 한다."라고 서술되어 있습니다.

희신이란 밝은 마음이란 의미입니다. 밝게 미워하는 마음 없이 살아 인연의 결과가 나빠지지 않도록 하고, 타인에게 친절을 베풀어 재난이 나에게 내리지 않게 하라는 가르침입니다.

'이런 하찮은 것인데……' 라는 생각이라도 좋은 일이라면 다른 사람에게 해주고, '이 정도쯤이야……' 라고 가벼이 여기지 말고 나쁜 일, 무자비한 일은 하지 않는 마음이 중요합니다.

이 세상에 남을 위한 일은 없다

– 야마오카 텟슈[山岡鐵舟]

야마오카 텟슈의 제자인 오구라 텟쥬가 스승의 말씀으로 전하고 있습니다. 이 말씀은 일견 자기중심주의처럼 들립니다. 하지만 그런 의미는 아닙니다.

우리들이 타인에게 친절하게 대할 때 그것은 우리들의 업을 개선하여 복을 초래하는 결과가 됩니다. 그러므로 남이 감사를 하든 말든 결국 자신에게 재난이 오지 않게 되고 복이 오므로 그것으로 좋은 것이라는 의미입니다.

에도 시대의 엔가쿠지가마쿠라의 주지인 세이세츠 슈초誠拙周樗는 절의 정문을 다시 세우기를 기원해 기부를 모았습니다. 에도의 거상 시라키야는 천 냥을 기부하겠다고 말했습니다. 세이세츠 화상은 그 이야기를 듣고 "아, 그런가!" 하고 말했을 뿐이었습니다. 시라키야는 내심 실망해서 "스님, 천 냥은 제게도 큰 돈입니다. 조금은 답례의 말씀을 해주셔도 좋지 않습니까?"라고 불만을 이야기했습니다. 그러자 세이세츠화상은 의심스러운 표정으로 "자네가 선업을 쌓아서 자네의 가족이 두고두고 좋아지는 것인데 왜 내가 예를 표해야만 하지?"라고 말씀하셨습니다.

정말 그렇습니다. 우리들은 다른 사람에게 뭔가 좋은 일을 하면 감사의 말, 인사를 받고 싶어합니다. 텟슈의 말대로 좋은 일을 하면 남이 기쁜 것이 아니라 실은 자신이 행복해 지고 운이 좋아지는 것입니다.

나는 변변한 수행도 하지 못하고, 타인에게 폐를 끼치는 인생을 보내고 있다고 생각합니다. 그러므로 더욱더 남에게 친절을 베풀어 덕을 쌓아야겠다고, 설령 감사의 인사를 받지 못한다 해도, 알아주지 않는다 해도 불만을 느끼지 않도록 해야겠다고 항상 생각합니다.

이런 생각을 가지고 있으면 운은 열린다고 생각합니다. 나는 다른 사람이 보면 매우 운이 좋은 사람으로 보이겠지만, 이것은 선조의 도움과 가족이 행한 작은 선근의 덕분이라고 생각합니다.

"이 세상에는 남을 위한 것은 없다. 모두 자신을 위한 것이다."라는 말씀을 항상 염두에 두고 살아가야 한다고 생각합니다.

한 치의 선향, 한 치의 부처

– 잇큐선사[一休禪師]

한 치의 선향, 한 치의 부처
토막토막 쌓은 16자 높이의 불상
32상 80종호
자연스레 장엄한 본래의 인간

나의 좌우명인 잇큐선사의 한시입니다.

좌선을 할 때는 선향을 피웁니다. 한 치 동안 앉아있으면 한 치의 부처라고 하듯이 선향이 타들어가 한 치 짧아지는 정도의 짧은 시간이라도 앉아있으면 그 만큼 마음이 정화되고 닦여 그 만큼 부처의 모습에 가까워집니다. 이것을 매일 쌓으면 어느 순간 16자 높이의 대보살이 된다는 이야기입니다.

　부처의 원만한 모습에는 32가지의 상이 있고, 80가지의 덕이 갖춰져 있습니다. 좌선을 하면 불가사의하게도 그 부처의 모습이 자연스럽게 나타난다고 합니다. 좌선을 하고 있는 사람의 모습은 신비하고 아름답습니다. 좌선에 의해 그 사람 본래의 마음이 조금이라도 원래로 돌아가 빛나고 있으므로 자세, 얼굴도 점점 변해서 매력 있는 모습, 부처의 모습에 가까운 용모가 되는 것입니다. 본인도 기분이 좋아지고 따스한 행복감에 둘러싸여 쓰라린 일도 고민도 잊고 또 좋은 일도 나쁜 일도 초월하게 됩니다.

　이것은 우리들이 본래의 모습을 되찾는 일이지, 새롭게 그런 인간이 된 것이 아닙니다. 야마다 무몬 스님은 "좌선을 하면 얼굴이 점점 변한다. 아름다워진다. 이것은 우리가 원래 부처였다고 하는 증거이다."라고 말씀하셨습니다. '좌선을 해서 부처가 되는 것이 아니라 우리들은 원래 부처인데 망상, 번뇌의 구름에 덮여 본래의 마음의 빛을 잃고 있었던 것이다. 좌선은 이런 본래의 마음을 자각시켜 그 빛을 더하게 하는 것' 이라고 합니다.

　도겐선사는 "좌선으로 보물 창고가 저절로 열린다." 라고 하셨습니다. 즉, 우리들의 마음이 가진 보물 창고가 자연히 열려 그 힘을 마음대로 쓸 수 있다는 것입니다. 우리들의 본래의 마음은 불가능을 가능하게 하는 힘을 가지고 있으며, 선업은 무진장이라고 합니다. 좌선으로 보물 창고가 열리고 끝없는 힘을 마음대로 꺼내 쓸 수 있다는 것은 얼마나 멋진 일일까요!

하쿠인선사는 《좌선화찬》에서 "장자 집안의 아들이 가난한 마을에서 헤매는 것과 마찬가지이다."라고 읊으며 본래 우리들이 가지고 있는 보물은 무한인데 그것을 알아채지 못하는 것은 억만장자 가문의 아이가 자신은 가난뱅이라고 생각하고 빈촌을 헤매는 것과 마찬가지라고 말씀하셨습니다.

하지만 우리들이 가지고 있는 이 본래의 힘을 되돌리기에는 수행이 필요합니다. 멍하니 있으면 이 힘은 발휘되지 않습니다. 노력하면 반드시 그 힘을 사용할 수 있게 됩니다. 수행을 계단으로 예를 든다면 오늘의 한 걸음, 오늘의 한 계단이 중요합니다. 한 발이라도 앞으로 나아가는 한 계단이라도 높은 곳에 오르는 이것이 수행의 목표입니다. 나는 꾀가 날 때에는 항상 "한 치의 선향, 한 치의 부처! 오늘 하지 않으면 어찌 하랴! 라고 스스로를 추스릅니다.

미야모토 무사시宮本武藏는 《오륜서》에서 "천 일의 계고를 단련하고 만 일의 계고를 기른다."라고 썼습니다. 그 정도의 검의 달인이라도 날마다 수련을 쌓고 있다는 것을 엿볼 수 있습니다. 그런 노력이 있기에 도가 열리는 것입니다. 경지에 오르기에는 지금의 한 걸음, 지금의 한 계단이 중요하므로 '내일 하자' 라든가 '한 계단 정도야' 라는 생각은 옳지 않습니다.

음덕을 쌓으면 보답이 있다

－ 고어(古語)

오늘날의 사회는 홍보 사회입니다. 튀어야 한다고들 합니다. 또, 자신을 과대하게 홍보한다고 해도, 그것을 실행할 수 있다면 비난받을 일은 아니라고 합니다. 모르는 사람들이 모여 사는 이 사회에서는 남이 알아줄수록 좋다. 그러므로 나의 좋은 점은 철저하게 선전하자는 의견도 있습니다. 사회에 알려지지 않으면 아무것도 할 수 없다는 것이 이 의식의 바탕입니다.

한편, 음덕은 다른 사람이 모르게 좋은 일을 해서 선업을 쌓는 것을 의미합니다. 이에 대해서 그런 일을 하면 아무도 인정해 주지 않으니까 결과적으로 타인에게 좋은 일을 한다는 자체가 성립하지 않는다고 말하는 사람도 있습니다.

인과의 법칙에 따르면 작은 선행도 반드시 좋은 결과를 가져옵니다. 즉, '인과는 숨기지 못 한다' 는 것입니다. 게다가 인과의 법칙을 지배하는 것은 어떤 기분으로 무슨 행위를 하느냐 입니다. 남 모르게 선행을 하는 것은 상상 이상의 힘으로 운을 변화시킵니다.

덕선업을 쌓는 방법은 그 사람의 운에도 영향을 주고 자식, 손자의 운에도 영향을 미칩니다. 예를 들어 본인이 세속적으로 대성공을 거두었다 해도 모르는 사이 악업을 쌓았으면 손자가 급사하고, 자식이 타락하는 등의 불행을 피할 수 없습니다. 만약 이런 일이 달갑지 않다면 덕을 쌓아 운을 바꿀 수밖에 없습니다. 그러기 위해 가장 유효한 방법이 음덕을 쌓는 일입니다. 음덕을 계속 쌓으면 반드시 자식과 손자에게도 좋은 결과가 생깁니다.

야마오카 텟슈의 죽음이 다가오는 것을 느낀 문중 사람이 뭔가 유언이라도 남기시면 좋겠다고 말씀드리자 텟슈는 사마온공 司馬溫公의 유훈을 썼다고 합니다. 그것은 "자손에게 돈을 남겨도 자손은 반드시 그것을 좋은 곳에는 쓰지 않는다. 자손에게 글을 남겨도 자손은 분명 그것을 읽지 않을 것이다. 음덕을 쌓아 그것을 자손에게 남기는 것보다 좋은 것은 없다." 라는 의미의 말씀이었습니다.

나의 업은 나의 운명을 결정합니다. 하지만 내가 관계하고 있는 모든 사람의 운명에도 영향을 주는 것입니다. 그러므로 나의 일만 생각하고 눈에 띠려고 하면 오히려 가족에게 불행이 오는 결과를 초래합니다.

그러면 기부는 소용이 없는 것일까요? 그 자체는 나쁘지 않습니다. 하지만 사람에게 알리는 것은 자만하는 것입니다. 모르는 사이에 악업도 쌓고 마는 것입니다.

남모르게 좋은 일을 하면 신경 쓰지 않아도 사람에게 친절하게 대하게 되고, 이런 일을 계속하면 점점 인덕이 쌓여 타인의 신뢰를 받는 인물이 됩니다. 그러면 여러 가지 직책을 맡게 되고 타인으로부터 일을 부탁받게 됩니다.

최근, 정년 후에 할 일이 없다고 한탄하며 여가를 어찌할 줄 모르는 사람이 많습니다. 그 하나의 원인은 자신이 지금까지 살아온 방법에도 있습니다. 자신의 성공만을 좇고, 자신만이 두드러지려고 하는 삶, 음덕을 잊은 생활 방법이 만년이 되어 결과로 나타나고 있는 것입니다. 이렇게 생각하면 눈에 띄지 않은 채 남에게 정성을 다한다는 것은 현대적인 의미도 가지고 있습니다.

튀어 보이고 두드러지는 생활은 덕을 깎아먹고 업의 빚을 불리고 맙니다. 그 결과, 자신이 의도하는 것과는 다른 인생을 보내게 되는 것입니다. 눈에 띄기만을 의도하고 살아온 사람이 동료도 없고, 가족과도 원만하지 못해 고독하게 인생을 보내는 경우가 많은 것은 이 때문입니다. 숨어서 뭔가 좋은 일을 한다는 것은 결코 무의미한 행위가 아닌, 마지막에는 자신과 자손을 위한 행위라고 이해하면 되겠습니다. 말 그대로 '음덕을 쌓으면 보답이 있다' 입니다.

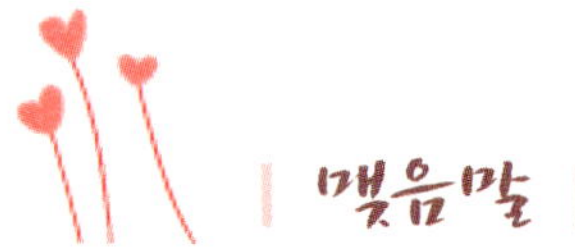

맺음말

1955년의 일입니다. 지방에서 도쿄에 막 상경한 나는 자신감을 잃는 경험만 겪었습니다. 또, 전쟁의 혼란도 가시지 않아 사회도 불안정하고 방향성을 잃고 있는 듯 보였습니다.

어느 날 서점에서 치바대학 교수 하쿠타 곳세키白田劫石의 《선의 이야기》를 손에 넣었습니다. 이 책에는 "다른 종교와는 달리 선에서는 스스로 진실을 확인할 수 있다."라고 쓰여 있었습니다. '머리말을 대신하여'에서도 쓴 것처럼, 나는 얼마나 감격해서 이 책을 읽었는지 모릅니다.

그 후, 조동종의 스님으로부터 좌선을 지도 받고, 미시마시즈오카현 류타쿠지의 12월 집중 좌선 수련회에 일주간 참석하곤 했습니다. 또, 당시 야나카도쿄의 젠쇼안에 가서 매일 선의 제창강화를 하셨던 나카가와 소엔中川宋淵 스님의 이야기를 듣고 유시마의 린쇼인에서 제창을 하셨던 엔가쿠지가마쿠라의 아사히나 소겐 노스님의 좌선회에도 참가했습니다.

이윽고 미국에서 9년간 유학을 하고 1975년에 귀국했는데, 문화적 충격으로 대단히 고생했습니다. 그때 떠오른 것이 선입니다. 나는 다시 좌선을 시작하게 되었지만 좀처럼 신경의 진보를 기대할 수 없었습니다.

어느 날 책의 출판을 위해 텐류지교토의 세키 보쿠오 스님과 대담을 했습니다. 보쿠오 스님은 게이오대학의 의학부를 중퇴한 분인데, 게이오에 애착이 있어서 후배인 나에게 매우 친절하게 여러 가지를 가르쳐 주셨습니다.

또, 보쿠오 스님과 동문인 야마다 무몬 스님의 말씀도 들었습니다. 무몬 스님은 "학생이든 거사든 궁지에 몰린 쥐가 고양이를 무는 것처럼 전력투구하면 반드시 깨달음을 얻는다." 라고 자주 말씀하셨습니다. 또, "좌선을 하면 마음이 변한다. 마음이 변하면 얼굴이 변하고 태도가 변한다." 라고도 말씀하셨습니다.

나는 인간관계도 원만하지 못했고, 무엇을 해도 생각대로 되지 않아 고민하고 있었기 때문에 진지하게 좌선에 몰입해 보자고 결심했습니다. 그때에 참고가 되었던 것이 야마오카 텟슈의 삶이었습니다. 마치 나의 선조이기도 한 시미즈노 지로쵸淸水 次郎長가 텟슈로부터 선의 지도를 받았다는 것도 이 결의를 굳혔습니다.

이런 암중모색하던 반평생에서 항상 참고가 되고 마음을 격려해 주었던 것이 선승들의 말씀과 삶이었습니다. 특히 "닦으면 닦은 만큼의 빛이 있다." 라는 류타쿠지의 야마모토 겐뽀 스님의 말씀, 잇큐선사의 "한 치의 선향, 한 치의 부처" 라는 말씀은 무심코 게으름을 피우고 싶어 하는 나에게 힘을 북돋아 주었습니다.

불교에서는 우리들의 마음은 본래 어디까지나 깨끗하고 죄의 그림자가 깃들지 않는다고 합니다. 이것을 '불구부정 不垢不淨' 이라고 합니다. 좌선을 계속하여 자신과 세계가 하나가 되는 것 같은 체험을 할 때 이 마음을 실감할 수 있는 것입니다. 이 '본래의 마음을 체득한다' 는 것을 견성 見性이라고 합니다. 하지만 견성을 하지 않아도 자신이 이런 깨끗한 마음의 소유자라는 사실은 변함이 없습니다. 그 마음을 십분 활용할 수 없는 것은 늘 망상과 번뇌에 사로잡혀있기 때문인데, 좌선은 이 망상과 번뇌의 구름을 엷게 만들어 본래의 마음의 빛을 증가시켜 주는 것입니다.

우리들은 결점투성이입니다. 또, 넘치는 욕망과 번뇌 속에서 살아가고 있습니다. 인간관계도 뜻대로 되지 않습니다. 이런 속에서 반성을 하고 '왜 난 잘 안 되는 것일까. 노력해서 바꾸자' 라고 마음먹어도 오히려 실패를 계속하게 됩니다. 그런데 좌선을 하고 있으면 노력하지 않고도 점점 본래의 마음이 빛이나 자신이 변하는 것을 실감할 수 있습니다. 태도가 변하고, 어투가 바뀌고, 남에게 주는 인상이 달라집니다. 어떻게 해도 바뀌지 않았던 자신이 변해가는 것을 느낄 수 있는 것입니다. 실로 좌선의 공덕이란 헤아려 알 수 있는 것이 아닙니다.

또, 불교에서는 우리들의 생명은 현세뿐만이 아니라 내세, 그 다음 내세로 계속됩니다. 우리들의 운은 우리들이 생각하는 것, 말하는 것, 행동하는 것이 자비에 기반을 두고 있으면 호전하고, 무자비에 기반을 두면 운은 나빠집니다. 그러므로 내세의 운은 현세의 최후의 삶으로 결정된다고 말해도 좋습니다. 즉, 정년 후와 만년은 내세의 준비 기간이라고 말할 수 있는 것입니다. 겐뽀 스님이 말씀하신 대로 "일흔 살보다 여든, 여든 살보다 아흔, 아흔 살보다 백, 백 살보다 죽은 뒤부터"의 한없는 노력이 중요합니다.

이처럼 노력을 계속해 나갈 때 선승과 고승의 말씀에는 우리들에게 용기를 주고, 과거의 실패에 연연하지 않고 전진시키는 힘이 가득 차 있습니다. 나 역시 이런 말씀을 의지하고 살아왔다고 해도 과언은 아닙니다.

이 책은 내가 실제로 만난 선승들의 이야기 속에서 특히 '어떻게 살아야 하는가?', '어떤 노력을 해야 하는가?' 등의 지표를 주는 말씀을 모았습니다. 또, 과거 고승의 이야기나 경전의 말씀에서도 현실의 인생을 살아가는데 힘이 되는 말씀을 골라 실었습니다.

이 책이 현실의 인생에서 고투하고 있는 젊은이들, 정년 후와 만년을 사는 보람을 발견하고 싶다고 노력하는 분들에게 노력의 목표를 줄 수 있었으면 더할 나위 없이 기쁘겠습니다.

2006년 6월

타카다 아키가즈

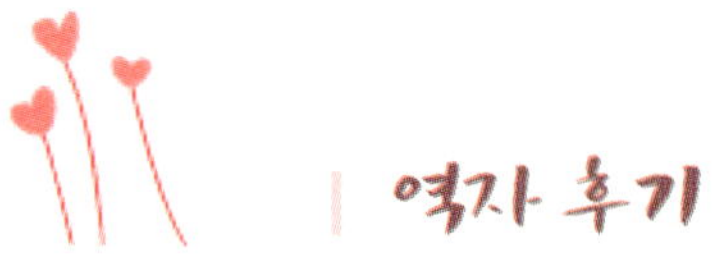

역자 후기

　선禪이란 '마음이 고요해진 상태' 를 가리킨다. 따라서 '선을 닦는다' 고 하는 것은 곧 '마음을 고요히 가라앉히는 것' 을 의미한다.

　이 책의 저자인 타카다 교수는 본업이 의사이다. 그러면서도 나름대로 선 수행에 힘써 일가견을 이루고 있다. 선에 대해 의학적인 입장에 기반을 두어 다분히 생리학적이고 과학적인 해설을 가하기도 하는데, 대개의 주제가 일상과 관련되어 알기 쉽고 실행하기 쉽다. 그야말로 일종의 대중선이라고 해야 좋을 듯하다.

　역자 역시 원시불교의 선 사상을 전공하고, 지난 몇 년간 대학에서 선의 이론과 실천 방법을 가르친 경험이 있던 터라 이 책의 쉽고 간결한 가르침에 크게 수긍하는 바가 있었다. 선의 말씀이 중요한 것은 바로 그 말을 듣는 이로 하여금 집착을 여의고 새로운 동기를 갖게 한다는 데에 있다. 제목이 말하듯이 '영혼을 뒤흔들어 눈을 뜨게 해주는' 것이다.

　저자는 이 책을 통해 확고한 인생관을 지니고, 한계를 돌파하고, 고뇌와 스트레스를 극복하는 것이야말로 선의 정신이라고 말하고 있다. 한마디로 그가 주장하는 취지는 '선을 닦아라' 가 아니라 '선의 말씀을 통해 선의 마음을 얻어라!' 이다. 곧, 선의 명언을 통해 마음을 바꾸고, 그 바꾼 마음에 의해 표정이 바뀌고 다시 인생관이 바뀌어 가는 것을 체험해 보라는 뜻이다.

선의 명언들이 제시하는 삶을 완성하는 또 하나의 태도는 '시시콜콜 고민하지 말고, 생각하지도 말고, 기억하지도 말라!' 이다. 맞는 말이다. 고민은 이내 망상이 되어 정신을 산란하게 만들고, 생존의 힘을 앗아갈 뿐이다. 살아 있는 자들에게는 오직 오늘이 있고 내일이 있을 따름, 지나간 일은 그것이 내게 힘을 가져다주지 않는 한 기억의 대상이 아니라는 것이다.

알고 보면, 선은 결코 특별하거나 어려운 것이 아니다. 헤매는 마음이 갈피를 잡고, 나태한 마음이 분발하게 되는 그 순간이 바로 선이다. 왜냐하면 그래야 우리들의 마음이 평온해지니 말이다.